A ARTE DE CONJUGAR

Verbos Alemães

de
Eva Maria Weermann

Tradução
MONICA STAHEL

SÃO PAULO 2015

Esta obra foi publicada originalmente em alemão com o título
VERBTABELLEN DEUTSCH por Ernst Klett Verlag, Stuttgart.
Copyright © Ernst Klett Verlag GmbH, Stuttgart 1999.
Copyright © 2001, Livraria Martins Fontes Editora Ltda.,
São Paulo, para a presente edição.

1ª edição 2001
2ª edição 2012
2ª tiragem 2015

Tradução
MONICA STAHEL

Acompanhamento editorial
Luzia Aparecida dos Santos
Revisões gráficas
Solange Martins
Lilian Jenkino
Dinarte Zorzanelli da Silva
Produção gráfica
Geraldo Alves
Paginação/Fotolitos
Studio 3 Desenvolvimento Editorial

Dados Internacionais de Catalogação na Publicação (CIP)
(Câmara Brasileira do Livro, SP, Brasil)

Weermann, Eva Maria
A arte de conjugar : verbos alemães / de Eva Maria Weermann ; tradução Monica Stahel. – 2ª. ed. – São Paulo : Editora WMF Martins Fontes, 2012.

Título original: Verbtabellen Deutsch.
ISBN 978-85-7827-611-9

1. Alemão – Verbos I. Título.

12-09131   CDD-430

Índices para catálogo sistemático:
1. Verbos : Alemão : Linguística   430

Todos os direitos desta edição reservados à
Editora WMF Martins Fontes Ltda.
Rua Prof. Laerte Ramos de Carvalho, 133 01325.030 São Paulo SP Brasil
Tel. (11) 3293.8150 Fax (11) 3101.1042
e-mail: info@wmfmartinsfontes.com.br http://www.wmfmartinsfontes.com.br

Sumário

Como utilizar este livro 4
Construção das formas verbais em alemão 7
Tabelas de conjugação 13
   I. Conjugações regulares 13
      Verbos auxiliares 13
         haben 13
         sein 14
         werden 15
      Verbos fracos 16
         Modelo: *spielen* 16
      Verbos fortes 17
         Modelo: *singen* 17
      Verbos com prefixo separável 18
         Modelo: *aus•suchen* 18
      Verbos reflexivos 19
         Modelo com pronome reflexivo no acusativo: *sich sehnen* 19
         Modelo com pronome reflexivo no dativo: *sich nützen* 20
      Voz passiva 21
         Voz passiva de processo: *geliebt werden* 21
         Voz passiva de estado: *geliebt sein* 22
   II. Particularidades 23
      A. Particularidades ortográficas e fonéticas 23
         Inclusão do **-e-** em verbos em **-den** e **-ten** 23
         Inclusão do **-e-** em verbos em **-men** e **-nen** 23
         Inclusão do **-e-** em verbos fortes em **-sen, -zen, -ssen** e **-ßen** 24
         Exclusão do **-s-** em verbos em **-sen, -xen, -zen, -ssen** e **-ßen** . . . 24
         Exclusão do **-e-** em verbos em **-ein** e **-ern** 24
         Duplicação da consoante em verbos fortes em **-ten, -fen** e **-ßen** . . . 25
         Eliminação da consoante dupla em verbos fortes em **-tten, -ffen, -mmen, -llen** e **-ssen** 25
      B. Particularidades de forma 25
         Verbos em **-ieren** 25
   III. 101 verbos em ordem alfabética 26
      Verbos fortes, verbos fracos irregulares e verbos modais 26
      Verbos fortes e fracos com particularidades 99
Lista de verbos em ordem alfabética 103

Como utilizar este livro

Este livro pode ser utilizado por quem deseja conhecer e fixar as formas de um determinado verbo e, ao mesmo tempo, informar-se sobre suas particularidades e irregularidades. Também pode ser utilizado para consultas rápidas, quando se apresenta alguma dúvida sobre o emprego de uma determinada forma verbal.

A arte de conjugar verbos alemães lhe oferece tabelas de conjugação de 91 verbos fracos e fortes assim como modelos de conjugação de verbos com prefixos separáveis, verbos reflexivos e verbos na voz passiva. Esses modelos de conjugação mostram todas as formas – inclusive as compostas – numa mesma página, facilitando a consulta e a visualização. As particularidades de cada verbo são grafadas em cores e resumidas em fórmulas práticas, colocadas no alto da respectiva tabela de conjugação.

Construção das tabelas de conjugação

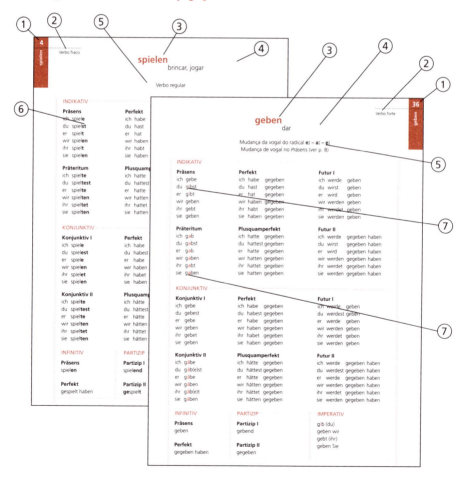

① **Número da tabela:** Identificação da posição de cada verbo na lista por ordem alfabética.

② **Grupo verbal:** Indicação do grupo verbal a que pertence o verbo. Em alemão, há dois grupos verbais:
> conjugação fraca
> conjugação forte

③ **Verbo e tradução:** Identificação do verbo conjugado, que servirá de exemplo para todos os verbos semelhantes (da mesma conjugação).

④ **Formas primitivas:** Indicação de três formas das quais deriva a maioria das outras formas conjugadas dos verbos fortes. Essas três formas primitivas são:
> 1ª pessoa do singular do *Indicatif Präsens*
> 1ª pessoa do singular do *Indikativ Präteritum*
> *Partizip II*

Também é indicada a mudança da vogal do radical (por exemplo, **e: -a: -e:** para *lesen - las - gelesen*).

⑤ **Características:** Indicação das particularidades ou irregularidades do verbo. Nos verbos fortes sempre é indicada a mudança da vogal do radical.

⑥ **Destaque das desinências:** Nos verbos que servem de modelo de conjugação dos verbos fortes e fracos as desinências de cada forma são grafadas em negrito. Observe-se que para alguns verbos auxiliares e modais ocorrem exceções.

⑦ **Destaque em cores:** Características dos verbos fortes e particularidades dos verbos fracos irregulares, assim como alterações de ortografia e pronúncia são grafadas em vermelho.

Na lista de **verbos em ordem alfabética** no final deste livro, você encontrará cerca de 1.500 verbos fracos e fortes, com a indicação do número do verbo cuja conjugação lhe serve como modelo. Nessa lista também constam informações sobre o emprego dos auxiliares *haben* e *sein*, as formas reflexivas e a separação dos prefixos.

Atenção: da página 7 à 12 você encontrará informações detalhadas sobre a construção de cada uma das formas das conjugações verbais.

Bom proveito!

Construção das formas verbais em alemão

Verbos fracos e verbos fortes

Os verbos alemães dividem-se em duas classes: fracos e fortes.

Verbos fracos:
- não mudam a vogal do radical: *ich spiele → ich spielte*
- no *Präteritum* têm um **-t-** em todas pessoas: *ich spiel**t**e, du spiel**t**est, er spiel**t**e, …*
- formam o *Partizip II* com a sílaba **ge-** anteposta e o acréscimo de **-(e)t**: *spielen → **ge**spiel**t**.*

Verbos fortes:
- mudam sempre a vogal do radical no *Präteritum*: *ich spr**e**che → ich spr**a**ch*
- alguns mudam a vogal do radical também no *Präsens*, no *Konjunktiv II* e no *Imperativ* h**e**lfen → du h**i**lfst, er h**i**lft; er h**ü**lfe; h**i**lf!
- formam o *Partizip II* com a sílaba **ge-** anteposta e o acréscimo de **-(e)n**: *sprechen → **ge**sproch**en**.*

Construção dos tempos (ver também páginas 16 e 17)

Os verbos sempre se compõem de um radical, que se mantém, e da desinência, que varia conforme a pessoa.

Indikativ

Präsens

fraco: *spielen → ich spiel-**e**, du spiel-**st**, er spiel-**t**, wir spiel-**en**, ihr spiel-**t**, sie spiel-**en***
forte: *fliegen → ich flieg-**e**, du flieg-**st**, er flieg-**t**, wir flieg-**en**, ihr flieg-**t**, sie flieg-**en***

Particularidades fonéticas no *Präsens*

Inclusão do -e-: quando o radical termina em **-d** ou **-t,** na 2.ª e na 3.ª pessoas do singular e na 2.ª pessoa do plural, inclui-se um **-e-** entre o radical e a desinência (ver também p. 23):

fraco: *re**d**en → du red-**e**-st, er red-**e**-t, ihr red-**e**-t*
         *arbei**t**en → du arbeit-**e**-st, er arbeit-**e**-t, ihr arbeit-**e**-t*
forte: *mei**d**en → du meid-**e**-st, er meid-**e**-t, ihr meid-**e**-t;*
         *rei**t**en → du reit-**e**-st, er reit-**e**-t, ihr reit-**e**-t*

Exceção: nas formas dos verbos fortes em que a vogal do radical da 2.ª e da 3.ª pessoas do singular se modifica o **-e-** só é incluído na 2.ª pessoa do plural.

halten → du h**ä**ltst, er h**ä**lt, ihr halt-**e**-t; laden → du l**ä**dst, er l**ä**dt, ihr lad-**e**-t

Os verbos fracos também recebem um **-e-** quando o radical termina em **-m** ou **-n** e depois dessa letra vem uma consoante que não seja **-l-** ou **-r-** nem **-m** ou **-n-** (ver também p. 23):

rech**n**en → du rechn-**e**-st, er rechn-**e**-t, ihr rechn-**e**-t;
at**m**en → du atm-**e**-st, er atm-**e**-t, ihr atm-**e**-t

Exclusão do -s-: Quando o radical termina em **-s, -ss, -ß, -x** ou **-z**, cai o **-s-** da desinência da 2.ª pessoa do singular (ver também p. 24):

rei**s**en → du rei**s**-t; kü**ss**en → du kü**ss**-t; grü**ß**en → du grü**ß**-t; fa**x**en → du fa**x**-t;
bla**s**en → du blä**s**-t; me**ss**en → du mi**ss**-t; hei**ß**en → du hei**ß**-t; sit**z**en → du sit**z**-t

Exclusão do -e-: Os verbos em **-eln** perdem o **-e-** do radical na 1.ª pessoa do singular. Nos verbos em **-ern** isso também pode ocorrer, por uma questão de pronúncia. Na 1.ª e na 3.ª pessoas do plural não há o **-e-** na desinência (ver também p. 24):

kling**eln** → ich kling-**l**-e, wir klingel-**n**, sie klingel-**n**
erinn**ern** → ich erinn-(**e**)r-e, wir erinner-**n**, sie erinner-**n**

Mudança da vogal do radical: Em alguns verbos fortes, na 2.ª e na 3.ª pessoas do singular a vogal do radical recebe, ou seja **a → ä**, **o → ö**, **au → äu**, ou há uma mudança de **e → i / ie**, ou **ä → ie**, ou **ö → i**.

tr**a**gen → du tr**ä**gst, er tr**ä**gt; st**o**ßen → du st**ö**ßt, er st**ö**ßt; l**au**fen → du l**äu**fst, er l**äu**ft;
h**e**lfen → du h**i**lfst, er h**i**lft; l**e**sen → du l**ie**st, er l**ie**st; ...

Präteritum

verbos fracos: | radical do verbo | + | -t- | + | desinência |

spielen → ich spiel-**t**-e, du spiel-**t**-est, er spiel-**t**-e, wir spiel-**t**-en, ihr spiel-**t**-et, sie spiel-**t**-en

verbos fortes: | radical do verbo | + | desinência |

Nos verbos fortes, a 1.ª e a 3.ª pessoas do singular não têm desinência, mas em todas as formas a vogal do radical sofre mudança:

fl**ie**gen → ich fl**o**g, du fl**o**g-st, er fl**o**g, wir fl**o**g-en, ihr fl**o**g-t, sie fl**o**g-en

Particularidades fonéticas no *Präteritum*

Inclusão do -e-: os verbos fracos cujo radical termina em **-d** ou **-t** recebem sempre um **-e-** entre o radical e o **-t-** (ver também p. 23):

re**d**en → ich red-**e**-te, du red-**e**-test, er red-**e**-te, wir red-**e**-ten, ihr red-**e**-tet, sie red-**e**-ten;
arbei**t**en → ich arbeit-**e**-te, du arbeit-**e**-test, er arbeit-**e**-te, wir arbeit-**e**-ten, ihr arbeit-**e**-tet, sie arbeit-**e**-ten

O mesmo ocorre com os verbos fracos com radical que termina em **-m** ou **-n** seguidos de outra consoante, exceto **-l-**, **-r-** ou **-m-**, **-n-** (ver também p. 23):

*rech**n**en* → *ich rechn-**e**-te, du rechn-**e**-test, er rechn-**e**-te, wir rechn-**e**-ten, ihr rechn-**e**-tet, sie rechn-**e**-ten;*
*at**m**en* → *ich atm-**e**-te, du atm-**e**-test, er atm-**e**-te, wir atm-**e**-ten, ihr atm-**e**-tet, sie atm-**e**-ten*

Verbos fortes cujo radical termina em **-d** ou **-t** recebem o **-e-** na 2.ª pessoa do plural (ver também p. 23):

finden → *ihr fand-**e**-t; halten* → *ihr hielt-**e**-t*

Verbos fortes cujo radical termina em **-s**, **-ss**, **-z** ou **ß** (e que sofrem uma mudança de vogal breve para longa) também recebem um **-e-** na 2.ª pessoa do singular e, facultativamente, na 2.ª pessoa do plural (ver também p. 24):

weisen → *du wies-**e**-st, ihr wies-(**e**)-t; lassen* → *du ließ-**e**-st, ihr ließ-(**e**)-t;*
schmelzen → *du schmolz-**e**-st, ihr schmolz-(**e**)-t; gießen* → *du goss-**e**-st, ihr goss-(**e**)-t*

Duplicação da consoante: Nos verbos fortes cujo radical termina em **-t**, **-f** ou **-ß** e que no *Präteritum* sofrem uma mudança de vogal longa para breve, essa consoante se duplica em todas as pessoas (ver também p. 25):

*strei**t**en* → *ich stri**tt**, du stri**tt**st, …; schlei**f**en* → *ich schli**ff**, du schli**ff**st, …;*
*rei**ß**en* → *ich ri**ss**, du ri**ss**est, …*

Queda da consoante dupla: Se houver uma mudança de vogal breve para longa antes de **-tt**, **-ff**, **-mm**, **-ll** e **-ss**, a segunda consoante é suprimida (ver também p. 25):

*bi**tt**en* → *ich ba**t**, du ba**t**(e)st, …; tre**ff**en* → *ich tra**f**, du tra**f**st, …;*
*ko**mm**en* → *ich ka**m**, du ka**m**st, …; fa**ll**en* → *ich fie**l**, du fie**l**st, …;*
*la**ss**en* → *ich ließ, du ließest, …*

Perfekt

| *Präsens* de *haben* ou *sein* | + | *Partizip II* |

spielen → *ich habe gespielt, du hast gespielt, er hat gespielt, …*
fliegen → *ich bin geflogen, du bist geflogen, er ist geflogen, …*

O ***Partizip II*** dos verbos fracos se forma pelo acréscimo do prefixo **ge-** e da terminação **-t** ao radical do verbo. Verbos em que há uma inclusão do **-e-** (ver acima) recebem a terminação **-et**:

spielen → ***ge**-spiel-**t**; reden* → ***ge**-red-**et***

Os verbos fortes recebem a terminação **-(e)n** independentemente da vogal do radical:

tragen → ***ge**-trag-**en**; fliegen* → ***ge**-flog-**en***

Os verbos fortes que sofrem duplicação da consoante no *Präteritum* (ver anterior) conservam essa consoante dupla no *Partizip II*:

strei**t**en → gestri**tt**en; schlei**f**en → geschli**ff**en; rei**ß**en → geri**ss**en

Os verbos com prefixo separável (ver adiante) recebem **-ge-** entre o prefixo e o radical:

absagen → ab-**ge**-sag-**t**; aussteigen → aus-**ge**-stieg-**en**

Verbos com prefixo inseparável (ver adiante) e verbos em **-ieren** formam o *Partizip* sem **ge-**:

berichten → be-richt-**et**; vergleichen → ver-glich-**en**; studieren → studier-**t**

Os prefixos inseparáveis não são tônicos e se mantêm sempre ligados ao verbo. São eles: *be-, emp-, ent-, er-, ge-, hinter-, miss-, ver-, wider-* e *zer-*.

zerstören → ich **zer**störe, ich **zer**störte, **zer**störe! ...

Os prefixos separáveis são tônicos e se mantêm ligados ao verbo, exceto no *Infinitiv* e no *Partizip II*. Entre eles, estão: *ab-, an-, auf-, aus-, bei-, ein-, mit-, nach-, vor-* e *zu-*.

aussuchen → ich suche **aus**, ich suchte **aus**, suche **aus**! ...

Plusquamperfekt

| *Präteritum* de *haben* ou *sein* | + | *Partizip II* |

spielen → ich hatte gespielt, du hattest gespielt, er hatte gespielt, ...
fliegen → ich war geflogen, du warst geflogen, er war geflogen, ...

Futur I

| *Präsens* de *werden* | + | *Infinitiv* |

spielen → ich werde spielen, du wirst spielen, er wird spielen, ...
fliegen → ich werde fliegen, du wirst fliegen, er wird fliegen, ...

Futur II

| *Präsens* de *werden* | + | *Partizip II* | + | *haben* ou *sein* |

spielen → ich werde gespielt haben, du wirst gespielt haben, ...
fliegen → ich werde geflogen sein, du wirst geflogen sein, ...

Konjunktiv

Konjunktiv I

A característica básica do *Konjunktiv I* é um **-e-** em todas as formas. O *Konjunktiv I* de todos os verbos é formado a partir do mesmo radical que o do presente, ao qual são acrescentadas as desinências das várias pessoas.

*spielen → ich spiel-**e**, du spiel-**e**st, er spiel-**e**, wir spiel-**e**n, ihr spiel-**e**t, sie spiel-**e**n*
*waschen → ich wasch-**e**, du wasch-**e**st, er wasch-**e**, wir wasch-**e**n, ihr wasch-**e**t, sie wasch-**e**n*

O *Konjunktiv I* é freqüentemente substituído pelo *Konjunktiv II* ou pelo *Konjunktiv* com *würde* (ver abaixo).

Konjunktiv II

verbos fracos: = *Präteritum Indikativ*

spielen → ich spiel-t-e, du spiel-t-est, er spiel-t-e, wir spiel-t-en, ihr spiel-t-et, sie spiel-t-en

verbos fortes: Radical do *Präteritum Indikativ*   +   desinências do *Konjunktiv I*

Em muitos verbos fortes há uma mudança da vogal do radical do *Präteritum*:

hängen → ich hing-e, du hing-est, er hing-e, wir hing-en, ihr hing-et, sie hing-en
waschen → ich wüsch-e, du wüsch-est, er wüsch-e, wir wüsch-en, ihr wüsch-et, sie wüsch-en

O *Konjunktiv II* é freqüentemente substituído pelo *Konjunktiv* com *werden* (ver adiante).

Perfekt

  Konjunktiv I de *haben* ou *sein*   +   *Partizip II*

spielen → ich habe gespielt, du habest gespielt, er habe gespielt, ...
fliegen → ich sei geflogen, du sei(e)st geflogen, er sei geflogen, ...

Plusquamperfekt

  Konjunktiv II de *haben* ou *sein*   +   *Partizip II*

spielen → ich hätte gespielt, du hättest gespielt, er hätte gespielt, ...
fliegen → ich wäre geflogen, du wär(e)st geflogen, er wäre geflogen, ...

Futur I

| Konjunktiv I de werden | + | Infinitiv |

spielen → *ich werde spielen, du werdest spielen, er werde spielen, ...*
fliegen → *ich werde fliegen, du werdest fliegen, er werde fliegen, ...*

Atenção: As formas do *Konjunktiv I* de *werden* são idênticas às do *Präsens*, com exceção da 2.ª e da 3.ª pessoas do singular.

Futur II

| Konjunktiv II de werden | + | Partizip II | + | haben ou sein |

spielen → *ich werde gespielt haben, du werdest gespielt haben, ...*
fliegen → *ich werde geflogen sein, du werdest geflogen sein, ...*

Konjunktiv com *würde*

Muitas formas do *Konjunktiv* dos verbos fracos e também de alguns verbos fortes não se distinguem das formas do *Indikativ*. Por isso, muitas vezes o *Konjunktiv* é formado com *würde* (forma do *Konjunktiv II* de *werden*) e o *Infinitiv*. A *würde-Form* pode substituir quase todas as formas do *Konjunktiv*, mas sobretudo o *Konjunktiv II*.

spielen → *ich würde spielen, du würdest spielen, er würde spielen, ...*
fliegen → *ich würde fliegen, du würdest fliegen, er würde fliegen, ...*

Imperativ

forma para *Du*:   radical + **-e**

2ª pessoa do plural: radical + **-(e)t**

1ª pessoa do plural + tratamento formal: radical + **-en**

O **-e** da forma para *Du* muitas vezes pode ser suprimido. No entanto, sua manutenção é obrigatória para verbos terminados em **-eln** e **-ern** e com radicais terminados em **-d**, **-t** ou **-ig**:

spielen → *spiel-**e**! / spiel!, spiel-**en** wir!, spiel-**t**!, spiel-**en** Sie!*
*re**d**en* → *red-**e**!, red-**en** wir!, red-**et**!, red-**en** Sie!*
*beruh**ig**en* → *beruhig-**e**!, beruhig-**en** wir!, beruhig-**t**!, beruhig-**en** Sie!*

Verbos fortes com mudança de **e** para **i** no *Präsens* também mudam a vogal no *Imperativ*. Além disso, nesses casos sempre cai a terminação **-e**:

lesen → *l**ie**s!; sehen* → *s**ie**h!*

haben
ter

Verbo auxiliar

INDIKATIV

Präsens
ich habe
du hast
er hat
wir haben
ihr habt
sie haben

Perfekt
ich habe gehabt
du hast gehabt
er hat gehabt
wir haben gehabt
ihr habt gehabt
sie haben gehabt

Futur I
ich werde haben
du wirst haben
er wird haben
wir werden haben
ihr werdet haben
sie werden haben

Präteritum
ich hatte
du hattest
er hatte
wir hatten
ihr hattet
sie hatten

Plusquamperfekt
ich hatte gehabt
du hattest gehabt
er hatte gehabt
wir hatten gehabt
ihr hattet gehabt
sie hatten gehabt

Futur II
ich werde gehabt haben
du wirst gehabt haben
er wird gehabt haben
wir werden gehabt haben
ihr werdet gehabt haben
sie werden gehabt haben

KONJUNKTIV

Konjunktiv I
ich habe
du habest
er habe
wir haben
ihr habet
sie haben

Perfekt
ich habe gehabt
du habest gehabt
er habe gehabt
wir haben gehabt
ihr habet gehabt
sie haben gehabt

Futur I
ich werde haben
du werdest haben
er werde haben
wir werden haben
ihr werdet haben
sie werden haben

Konjunktiv II
ich hätte
du hättest
er hätte
wir hätten
ihr hättet
sie hätten

Plusquamperfekt
ich hätte gehabt
du hättest gehabt
er hätte gehabt
wir hätten gehabt
ihr hättet gehabt
sie hätten gehabt

Futur II
ich werde gehabt haben
du werdest gehabt haben
er werde gehabt haben
wir werden gehabt haben
ihr werdet gehabt haben
sie werden gehabt haben

INFINITIV

Präsens
haben

Perfekt
gehabt haben

PARTIZIP

Partizip I
habend

Partizip II
gehabt

IMPERATIV

hab(e) (du)
haben wir
habt (ihr)
haben Sie

2 sein

Verbo auxiliar

sein
ser

INDIKATIV

Präsens	Perfekt	Futur I
ich bin	ich bin gewesen	ich werde sein
du bist	du bist gewesen	du wirst sein
er ist	er ist gewesen	er wird sein
wir sind	wir sind gewesen	wir werden sein
ihr seid	ihr seid gewesen	ihr werdet sein
sie sind	sie sind gewesen	sie werden sein

Präteritum	Plusquamperfekt	Futur II
ich war	ich war gewesen	ich werde gewesen sein
du warst	du warst gewesen	du wirst gewesen sein
er war	er war gewesen	er wird gewesen sein
wir waren	wir waren gewesen	wir werden gewesen sein
ihr wart	ihr wart gewesen	ihr werdet gewesen sein
sie waren	sie waren gewesen	sie werden gewesen sein

KONJUNKTIV

Konjunktiv I	Perfekt	Futur I
ich sei	ich sei gewesen	ich werde sein
du sei(e)st	du sei(e)st gewesen	du werdest sein
er sei	er sei gewesen	er werde sein
wir seien	wir seien gewesen	wir werden sein
ihr sei(e)t	ihr sei(e)t gewesen	ihr werdet sein
sie seien	sie seien gewesen	sie werden sein

Konjunktiv II	Plusquamperfekt	Futur II
ich wäre	ich wäre gewesen	ich werde gewesen sein
du wär(e)st	du wär(e)st gewesen	du werdest gewesen sein
er wäre	er wäre gewesen	er werde gewesen sein
wir wären	wir wären gewesen	wir werden gewesen sein
ihr wär(e)t	ihr wär(e)t gewesen	ihr werdet gewesen sein
sie wären	sie wären gewesen	sie werden gewesen sein

INFINITIV

Präsens
sein

Perfekt
gewesen sein

PARTIZIP

Partizip I
seiend

Partizip II
gewesen

IMPERATIV

sei (du)
seien wir
seid (ihr)
seien Sie

werden
ser, tornar-se

Verbo auxiliar

Mudança da vogal do radical **e – u – o**
Em *werden* como verbo auxiliar, o *Partizip II* é **worden**.
Nos outros casos é *geworden*: *Er ist Artzt* **geworden**.

INDIKATIV

Präsens
ich werde
du wirst
er wird
wir werden
ihr werdet
sie werden

Perfekt
ich bin worden
du bist worden
er ist worden
wir sind worden
ihr seid worden
sie sind worden

Futur I
ich werde werden
du wirst werden
er wird werden
wir werden werden
ihr werdet werden
sie werden werden

Präteritum
ich wurde
du wurdest
er wurde
wir wurden
ihr wurdet
sie wurden

Plusquamperfekt
ich war worden
du warst worden
er war worden
wir waren worden
ihr wart worden
sie waren worden

Futur II
ich werde worden sein
du wirst worden sein
er wird worden sein
wir werden worden sein
ihr werdet worden sein
sie werden worden sein

KONJUNKTIV

Konjunktiv I
ich werde
du werdest
er werde
wir werden
ihr werdet
sie werden

Perfekt
ich sei worden
du sei(e)st worden
er sei worden
wir seien worden
ihr sei(e)t worden
sie seien worden

Futur I
ich werde werden
du werdest werden
er werde werden
wir werden werden
ihr werdet werden
sie werden werden

Konjunktiv II
ich würde
du würdest
er würde
wir würden
ihr würdet
sie würden

Plusquamperfekt
ich wäre worden
du wär(e)st worden
er wäre worden
wir wären worden
ihr wär(e)t worden
sie wären worden

Futur II
ich werde worden sein
du werdest worden sein
er werde worden sein
wir werden worden sein
ihr werdet worden sein
sie werden worden sein

INFINITIV

Präsens
werden

Perfekt
worden sein

PARTIZIP

Partizip I
werdend

Partizip II
worden / geworden

IMPERATIV

werd(e) (du)
werden wir
werdet (ihr)
werden Sie

15

spielen
brincar, jogar

Verbo fraco

Verbo regular

INDIKATIV

Präsens
ich spiel**e**
du spiel**st**
er spiel**t**
wir spiel**en**
ihr spiel**t**
sie spiel**en**

Perfekt
ich habe gespielt
du hast gespielt
er hat gespielt
wir haben gespielt
ihr habt gespielt
sie haben gespielt

Futur I
ich werde spielen
du wirst spielen
er wird spielen
wir werden spielen
ihr werdet spielen
sie werden spielen

Präteritum
ich spiel**te**
du spiel**test**
er spiel**te**
wir spiel**ten**
ihr spiel**tet**
sie spiel**ten**

Plusquamperfekt
ich hatte gespielt
du hattest gespielt
er hatte gespielt
wir hatten gespielt
ihr hattet gespielt
sie hatten gespielt

Futur II
ich werde gespielt haben
du wirst gespielt haben
er wird gespielt haben
wir werden gespielt haben
ihr werdet gespielt haben
sie werden gespielt haben

KONJUNKTIV

Konjunktiv I
ich spiel**e**
du spiel**est**
er spiel**e**
wir spiel**en**
ihr spiel**et**
sie spiel**en**

Perfekt
ich habe gespielt
du habest gespielt
er habe gespielt
wir haben gespielt
ihr habet gespielt
sie haben gespielt

Futur I
ich werde spielen
du werdest spielen
er werde spielen
wir werden spielen
ihr werdet spielen
sie werden spielen

Konjunktiv II
ich spiel**te**
du spiel**test**
er spiel**te**
wir spiel**ten**
ihr spiel**tet**
sie spiel**ten**

Plusquamperfekt
ich hätte gespielt
du hättest gespielt
er hätte gespielt
wir hätten gespielt
ihr hättet gespielt
sie hätten gespielt

Futur II
ich werde gespielt haben
du werdest gespielt haben
er werde gespielt haben
wir werden gespielt haben
ihr werdet gespielt haben
sie werden gespielt haben

INFINITIV

Präsens
spiel**en**

Perfekt
gespielt haben

PARTIZIP

Partizip I
spiel**end**

Partizip II
gespiel**t**

IMPERATIV

spiel**(e)** (du)
spiel**en** wir
spiel**t** (ihr)
spiel**en** Sie

singen
cantar

Verbo forte

5 singen

Verbo regular com mudança da vogal do radical **i – a – u**

INDIKATIV

Präsens
ich sing**e**
du sing**st**
er sing**t**
wir sing**en**
ihr sing**t**
sie sing**en**

Perfekt
ich habe gesungen
du hast gesungen
er hat gesungen
wir haben gesungen
ihr habt gesungen
sie haben gesungen

Futur I
ich werde singen
du wirst singen
er wird singen
wir werden singen
ihr werdet singen
sie werden singen

Präteritum
ich sang
du sang(e)st
er sang
wir sangen
ihr sang(e)t
sie sangen

Plusquamperfekt
ich hatte gesungen
du hattest gesungen
er hatte gesungen
wir hatten gesungen
ihr hattet gesungen
sie hatten gesungen

Futur II
ich werde gesungen haben
du wirst gesungen haben
er wird gesungen haben
wir werden gesungen haben
ihr werdet gesungen haben
sie werden gesungen haben

KONJUNKTIV

Konjunktiv I
ich sing**e**
du sing**est**
er sing**e**
wir sing**en**
ihr sing**et**
sie sing**en**

Perfekt
ich habe gesungen
du habest gesungen
er habe gesungen
wir haben gesungen
ihr habet gesungen
sie haben gesungen

Futur I
ich werde singen
du werdest singen
er werde singen
wir werden singen
ihr werdet singen
sie werden singen

Konjunktiv II
ich säng**e**
du säng**est**
er säng**e**
wir säng**en**
ihr säng**et**
sie säng**en**

Plusquamperfekt
ich hätte gesungen
du hättest gesungen
er hätte gesungen
wir hätten gesungen
ihr hättet gesungen
sie hätten gesungen

Futur II
ich werde gesungen haben
du werdest gesungen haben
er werde gesungen haben
wir werden gesungen haben
ihr werdet gesungen haben
sie werden gesungen haben

INFINITIV

Präsens
sing**en**

Perfekt
gesungen haben

PARTIZIP

Partizip I
sing**end**

Partizip II
ge**sung**en

IMPERATIV

sing**(e)** (du)
sing**en** wir
sing**t** (ihr)
sing**en** Sie

6

Prefixo separável

aus•suchen
tentar

Verbo com prefixo separável

INDIKATIV

Präsens
ich	suche	**aus**
du	suchst	**aus**
er	sucht	**aus**
wir	suchen	**aus**
ihr	sucht	**aus**
sie	suchen	**aus**

Perfekt
ich	habe	**aus**gesucht
du	hast	**aus**gesucht
er	hat	**aus**gesucht
wir	haben	**aus**gesucht
ihr	habt	**aus**gesucht
sie	haben	**aus**gesucht

Futur I
ich	werde	**aus**suchen
du	wirst	**aus**suchen
er	wird	**aus**suchen
wir	werden	**aus**suchen
ihr	werdet	**aus**suchen
sie	werden	**aus**suchen

Präteritum
ich	suchte	**aus**
du	suchtest	**aus**
er	suchte	**aus**
wir	suchten	**aus**
ihr	suchtet	**aus**
sie	suchten	**aus**

Plusquamperfekt
ich	hatte	**aus**gesucht
du	hattest	**aus**gesucht
er	hatte	**aus**gesucht
wir	hatten	**aus**gesucht
ihr	hattet	**aus**gesucht
sie	hatten	**aus**gesucht

Futur II
ich	werde	**aus**gesucht haben
du	wirst	**aus**gesucht haben
er	wird	**aus**gesucht haben
wir	werden	**aus**gesucht haben
ihr	werdet	**aus**gesucht haben
sie	werden	**aus**gesucht haben

KONJUNKTIV

Konjunktiv I
ich	suche	**aus**
du	suchest	**aus**
er	suche	**aus**
wir	suchen	**aus**
ihr	suchet	**aus**
sie	suchen	**aus**

Perfekt
ich	habe	**aus**gesucht
du	habest	**aus**gesucht
er	habe	**aus**gesucht
wir	haben	**aus**gesucht
ihr	habet	**aus**gesucht
sie	haben	**aus**gesucht

Futur I
ich	werde	**aus**suchen
du	werdest	**aus**suchen
er	werde	**aus**suchen
wir	werden	**aus**suchen
ihr	werdet	**aus**suchen
sie	werden	**aus**suchen

Konjunktiv II
ich	suchte	**aus**
du	suchtest	**aus**
er	suchte	**aus**
wir	suchten	**aus**
ihr	suchtet	**aus**
sie	suchten	**aus**

Plusquamperfekt
ich	hätte	**aus**gesucht
du	hättest	**aus**gesucht
er	hätte	**aus**gesucht
wir	hätten	**aus**gesucht
ihr	hättet	**aus**gesucht
sie	hätten	**aus**gesucht

Futur II
ich	werde	**aus**gesucht haben
du	werdest	**aus**gesucht haben
er	werde	**aus**gesucht haben
wir	werden	**aus**gesucht haben
ihr	werdet	**aus**gesucht haben
sie	werden	**aus**gesucht haben

INFINITIV

Präsens
aussuchen

Perfekt
ausgesucht haben

PARTIZIP

Partizip I
aussuchend

Partizip II
ausgesucht

IMPERATIV

such(e) (du) **aus**
suchen wir **aus**
sucht (ihr) **aus**
suchen Sie **aus**

sich sehnen
ter saudade

Verbo reflexivo

Verbo reflexivo com pronome reflexivo no acusativo

INDIKATIV

Präsens
ich sehne **mich**
du sehnst **dich**
er sehnt **sich**
wir sehnen **uns**
ihr sehnt **euch**
sie sehnen **sich**

Perfekt
ich habe **mich** gesehnt
du hast **dich** gesehnt
er hat **sich** gesehnt
wir haben **uns** gesehnt
ihr habt **euch** gesehnt
sie haben **sich** gesehnt

Futur I
ich werde **mich** sehnen
du wirst **dich** sehnen
er wird **sich** sehnen
wir werden **uns** sehnen
ihr werdet **euch** sehnen
sie werden **sich** sehnen

Präteritum
ich sehnte **mich**
du sehntest **dich**
er sehnte **sich**
wir sehnten **uns**
ihr sehntet **euch**
sie sehnten **sich**

Plusquamperfekt
ich hatte **mich** gesehnt
du hattest **dich** gesehnt
er hatte **sich** gesehnt
wir hatten **uns** gesehnt
ihr hattet **euch** gesehnt
sie hatten **sich** gesehnt

Futur II
ich werde **mich** gesehnt haben
du wirst **dich** gesehnt haben
er wird **sich** gesehnt haben
wir werden **uns** gesehnt haben
ihr werdet **euch** gesehnt haben
sie werden **sich** gesehnt haben

KONJUNKTIV

Konjunktiv I
ich sehne **mich**
du sehnest **dich**
er sehne **sich**
wir sehnen **uns**
ihr sehnet **euch**
sie sehnen **sich**

Perfekt
ich habe **mich** gesehnt
du habest **dich** gesehnt
er habe **sich** gesehnt
wir haben **uns** gesehnt
ihr habet **euch** gesehnt
sie haben **sich** gesehnt

Futur I
ich werde **mich** sehnen
du werdest **dich** sehnen
er werde **sich** sehnen
wir werden **uns** sehnen
ihr werdet **euch** sehnen
sie werden **sich** sehnen

Konjunktiv II
ich sehnte **mich**
du sehntest **dich**
er sehnte **sich**
wir sehnten **uns**
ihr sehntet **euch**
sie sehnten **sich**

Plusquamperfekt
ich hätte **mich** gesehnt
du hättest **dich** gesehnt
er hätte **sich** gesehnt
wir hätten **uns** gesehnt
ihr hättet **euch** gesehnt
sie hätten **sich** gesehnt

Futur II
ich werde **mich** gesehnt haben
du werdest **dich** gesehnt haben
er werde **sich** gesehnt haben
wir werden **uns** gesehnt haben
ihr werdet **euch** gesehnt haben
sie werden **sich** gesehnt haben

INFINITIV

Präsens
sich sehnen

Perfekt
sich gesehnt haben

PARTIZIP

Partizip I
sich sehnend

Partizip II
sich gesehnt

IMPERATIV

sehn(e) **dich**
sehnen **wir** uns
sehnt **euch**
sehnen Sie **sich**

8 sich nützen

Verbo reflexivo

sich nützen
prestar-se

Verbo reflexivo com pronome reflexivo no dativo

INDIKATIV

Präsens
ich nütze **mir**
du nützt **dir**
er nützt **sich**
wir nützen **uns**
ihr nützt **euch**
sie nützen **sich**

Perfekt
ich habe **mir** genützt
du hast **dir** genützt
er hat **sich** genützt
wir haben **uns** genützt
ihr habt **euch** genützt
sie haben **sich** genützt

Futur I
ich werde **mir** nützen
du wirst **dir** nützen
er wird **sich** nützen
wir werden **uns** nützen
ihr werdet **euch** nützen
sie werden **uns** nützen

Präteritum
ich nützte **mir**
du nütztest **dir**
er nützte **sich**
wir nützten **uns**
ihr nütztet **euch**
sie nützten **sich**

Plusquamperfekt
ich hatte **mir** genützt
du hattest **dir** genützt
er hatte **sich** genützt
wir hatten **uns** genützt
ihr hattet **euch** genützt
sie hatten **sich** genützt

Futur II
ich werde **mir** genützt haben
du wirst **dir** genützt haben
er wird **sich** genützt haben
wir werden **uns** genützt haben
ihr werdet **euch** genützt haben
sie werden **sich** genützt haben

KONJUNKTIV

Konjunktiv I
ich nütze **mir**
du nützest **dir**
er nütze **sich**
wir nützen **uns**
ihr nützet **euch**
sie nützen **sich**

Perfekt
ich habe **mir** genützt
du habest **dir** genützt
er habe **sich** genützt
wir haben **uns** genützt
ihr habet **euch** genützt
sie haben **sich** genützt

Futur I
ich werde **mir** nützen
du werdest **dir** nützen
er werde **sich** nützen
wir werden **uns** nützen
ihr werdet **euch** nützen
sie werden **sich** nützen

Konjunktiv II
ich nützte **mir**
du nütztest **dir**
er nützte **sich**
wir nützten **uns**
ihr nütztet **euch**
sie nützten **sich**

Plusquamperfekt
ich hätte **mir** genützt
du hättest **dir** genützt
er hätte **sich** genützt
wir hätten **uns** genützt
ihr hättet **euch** genützt
sie hätten **sich** genützt

Futur II
ich werde **mir** genützt haben
du werdest **dir** genützt haben
er werde **sich** genützt haben
wir werden **uns** genützt haben
ihr werdet **euch** genützt haben
sie werden **sich** genützt haben

INFINITIV

Präsens
sich nützen

Perfekt
sich genützt haben

PARTIZIP

Partizip I
sich nützend

Partizip II
sich genützt

IMPERATIV

nütz(e) **dir**
nützen **wir** uns
nützt **euch**
nützen Sie **sich**

geliebt werden
ser amado

Passiva de processo

A voz passiva de processo é sempre conjugada com *werden*.

INDIKATIV

Präsens
ich **werde** geliebt
du **wirst** geliebt
er **wird** geliebt
wir **werden** geliebt
ihr **werdet** geliebt
sie **werden** geliebt

Perfekt
ich **bin** geliebt **worden**
du **bist** geliebt **worden**
er **ist** geliebt **worden**
wir **sind** geliebt **worden**
ihr **seid** geliebt **worden**
sie **sind** geliebt **worden**

Futur I
ich **werde** geliebt **werden**
du **wirst** geliebt **werden**
er **wird** geliebt **werden**
wir **werden** geliebt **werden**
ihr **werdet** geliebt **werden**
sie **werden** geliebt **werden**

Präteritum
ich **wurde** geliebt
du **wurdest** geliebt
er **wurde** geliebt
wir **wurden** geliebt
ihr **wurdet** geliebt
sie **wurden** geliebt

Plusquamperfekt
ich **war** geliebt **worden**
du **warst** geliebt **worden**
er **war** geliebt **worden**
wir **waren** geliebt **worden**
ihr **wart** geliebt **worden**
sie **waren** geliebt **worden**

Futur II
ich **werde** geliebt **worden sein**
du **wirst** geliebt **worden sein**
er **wird** geliebt **worden sein**
wir **werden** geliebt **worden sein**
ihr **werdet** geliebt **worden sein**
sie **werden** geliebt **worden sein**

KONJUNKTIV

Konjunktiv I
ich **werde** geliebt
du **werdest** geliebt
er **werde** geliebt
wir **werden** geliebt
ihr **werdet** geliebt
sie **werden** geliebt

Perfekt
ich **sei** geliebt **worden**
du **sei(e)st** geliebt **worden**
er **sei** geliebt **worden**
wir **seien** geliebt **worden**
ihr **sei(e)t** geliebt **worden**
sie **seien** geliebt **worden**

Futur I
ich **werde** geliebt **werden**
du **werdest** geliebt **werden**
er **werde** geliebt **werden**
wir **werden** geliebt **werden**
ihr **werdet** geliebt **werden**
sie **werden** geliebt **werden**

Konjunktiv II
ich **würde** geliebt
du **würdest** geliebt
er **würde** geliebt
wir **würden** geliebt
ihr **würdet** geliebt
sie **würden** geliebt

Plusquamperfekt
ich **wäre** geliebt **worden**
du **wär(e)st** geliebt **worden**
er **wäre** geliebt **worden**
wir **wären** geliebt **worden**
ihr **wär(e)t** geliebt **worden**
sie **wären** geliebt **worden**

Futur II
ich **werde** geliebt **worden sein**
du **werdest** geliebt **worden sein**
er **werde** geliebt **worden sein**
wir **werden** geliebt **worden sein**
ihr **werdet** geliebt **worden sein**
sie **werden** geliebt **worden sein**

INFINITIV

Präsens
geliebt **werden**

Perfekt
geliebt **worden sein**

PARTIZIP

Partizip I
geliebt **werdend**

Partizip II
geliebt **worden**

IMPERATIV

—
—
—
—

Passiva de estado

geliebt sein

A voz passiva de estado é sempre conjugada com *sein*.

INDIKATIV

Präsens			Perfekt			Futur I		
ich	**bin**	geliebt	ich	**bin**	geliebt **gewesen**	ich	**werde**	geliebt sein
du	**bist**	geliebt	du	**bist**	geliebt **gewesen**	du	**wirst**	geliebt sein
er	**ist**	geliebt	er	**ist**	geliebt **gewesen**	er	**wird**	geliebt sein
wir	**sind**	geliebt	wir	**sind**	geliebt **gewesen**	wir	**werden**	geliebt sein
ihr	**seid**	geliebt	ihr	**seid**	geliebt **gewesen**	ihr	**werdet**	geliebt sein
sie	**sind**	geliebt	sie	**sind**	geliebt **gewesen**	sie	**werden**	geliebt sein

Präteritum			Plusquamperfekt			Futur II		
ich	**war**	geliebt	ich	**war**	geliebt **gewesen**	ich	**werde**	geliebt **gewesen sein**
du	**warst**	geliebt	du	**warst**	geliebt **gewesen**	du	**wirst**	geliebt **gewesen sein**
er	**war**	geliebt	er	**war**	geliebt **gewesen**	er	**wird**	geliebt **gewesen sein**
wir	**waren**	geliebt	wir	**waren**	geliebt **gewesen**	wir	**werden**	geliebt **gewesen sein**
ihr	**wart**	geliebt	ihr	**wart**	geliebt **gewesen**	ihr	**werdet**	geliebt **gewesen sein**
sie	**waren**	geliebt	sie	**waren**	geliebt **gewesen**	sie	**werden**	geliebt **gewesen sein**

KONJUNKTIV

Konjunktiv I			Perfekt			Futur I		
ich	**sei**	geliebt	ich	**sei**	geliebt **gewesen**	ich	**werde**	geliebt sein
du	**sei(e)st**	geliebt	du	**sei(e)st**	geliebt **gewesen**	du	**werdest**	geliebt sein
er	**sei**	geliebt	er	**sei**	geliebt **gewesen**	er	**werde**	geliebt sein
wir	**seien**	geliebt	wir	**seien**	geliebt **gewesen**	wir	**werden**	geliebt sein
ihr	**sei(e)t**	geliebt	ihr	**sei(e)t**	geliebt **gewesen**	ihr	**werdet**	geliebt sein
sie	**seien**	geliebt	sie	**seien**	geliebt **gewesen**	sie	**seien**	geliebt sein

Konjunktiv II			Plusquamperfekt			Futur II		
ich	**wäre**	geliebt	ich	**wäre**	geliebt **gewesen**	ich	**werde**	geliebt **gewesen sein**
du	**wär(e)st**	geliebt	du	**wär(e)st**	geliebt **gewesen**	du	**werdest**	geliebt **gewesen sein**
er	**wäre**	geliebt	er	**wäre**	geliebt **gewesen**	er	**werde**	geliebt **gewesen sein**
wir	**wären**	geliebt	wir	**wären**	geliebt **gewesen**	wir	**werden**	geliebt **gewesen sein**
ihr	**wär(e)t**	geliebt	ihr	**wär(e)t**	geliebt **gewesen**	ihr	**werdet**	geliebt **gewesen sein**
sie	**wären**	geliebt	sie	**wären**	geliebt **gewesen**	sie	**werden**	geliebt **gewesen sein**

INFINITIV

Präsens
geliebt **sein**

Perfekt
geliebt **gewesen sein**

PARTIZIP

Partizip I
geliebt **seiend**

Partizip II
geliebt **gewesen**

IMPERATIV*

sei	(du)	geliebt
seien	wir	geliebt
seid	(ihr)	geliebt
seien	Sie	geliebt

* linguagem literária

Particularidades ortográficas e fonéticas

Nas conjugações dos verbos dos diversos grupos sempre se repetem certas particularidades ortográficas e fonéticas (ver também pp. 7 e 8)

11 Inclusão do -e- em verbos em *-den* e *-ten*

VERBOS FRACOS

reden

Indikativ Präsens	Indikativ Präteritum
ich rede	ich redete
du redest	du redetest
er redet	er redete
wir reden	wir redeten
ihr redet	ihr redetet
sie reden	sie redeten

Partizip II: geredet

arbeiten

Indikativ Präsens	Indikativ Präteritum
ich arbeite	ich arbeitete
du arbeitest	du arbeitetest
er arbeitet	er arbeitete
wir arbeiten	wir arbeiteten
ihr arbeitet	ihr arbeitet
sie arbeiten	sie arbeiteten

Partizip II: gearbeitet

VERBOS FORTES

reiten (sem mudança de vogal no *Präsens*)

Indikativ Präsens	Indikativ Präteritum
ich reite	ich ritt
du reitest	du rittst
er reitet	er ritt
wir reiten	wir ritten
ihr reitet	ihr rittet
sie reiten	sie ritten

Partizip II: geritten

laden (com mudança de vogal no *Präsens*)

Indikativ Präsens	Indikativ Präteritum
ich lade	ich lud
du lädst	du ludst
er lädt	er lud
wir laden	wir luden
ihr ladet	ihr ludet
sie laden	sie luden

Partizip II: geladen

12 Inclusão do -e- em verbos em *-men* e *-nen*,
cujo radical termina em consoante (exceto **l, r, m, n**) + **m** ou **n**

rechnen

Indikativ Präsens	Indikativ Präteritum
ich rechne	ich rechnete
du rechnest	du rechnetest
er rechnet	er rechnete
wir rechnen	wir rechneten
ihr rechnet	ihr rechnetet
sie rechnen	sie rechneten

Partizip II: gerechnet

atmen

Indikativ Präsens	Indikativ Präteritum
ich atme	ich atmete
du atmest	du atmetest
er atmet	er atmete
wir atmen	wir atmeten
ihr atmet	ihr atmetet
sie atmen	sie atmeten

Partizip II: geatmet

13 Inclusão do -e- em verbos fortes em -sen, -zen, -ssen e -ßen

Indikativ Präteritum

preisen	lassen	schmelzen	fließen
ich pries	ich ließ	ich schmolz	ich floss
du priesest	du ließest	du schmolzest	du flossest
er pries	er ließ	er schmolz	er floss
wir priesen	wir ließen	wir schmolzen	wir flossen
ihr pries(e)t*	ihr ließ(e)t*	ihr schmolz(e)t*	ihr floss(e)t*
sie priesen	sie ließen	sie schmolzen	sie flossen

14 Exclusão do -s- em verbos em -sen, -xen, zen, -ssen e ßen

Indikativ Präsens

reisen	faxen	geizen	küssen	grüßen
ich reise	ich faxe	ich geize	ich küsse	ich grüße
du reist	du faxt	du geizt	du küsst	du grüßt
er reist	er faxt	er geizt	er küsst	er grüßt
wir reisen	wir faxen	wir geizen	wir küssen	wir grüßen
ihr reist	ihr faxt	ihr geizt	ihr küsst	ihr grüßt
sie reisen	sie faxen	sie geizen	sie küssen	sie grüßen

15 Exclusão do -e- em verbos em -eln e -ern

klingeln

Indikativ Präsens	Konjunktiv I
ich klingle	ich klingle
du klingelst	du klinglest
er klingelt	er klingle
wir klingeln	wir klinglen
ihr klingelt	ihr klinglet
sie klingeln	sie klinglen

Imperativ: klingle

erinnern**

Indikativ Präsens	Konjunktiv I
ich erinn(e)re	ich erinnere
du erinnerst	du erinnerest
er erinnert	er erinnere
wir erinnern	wir erinneren
ihr erinnert	ihr erinneret
sie erinnern	sie erinneren

Imperativ: erinn(e)re

* Inclusão do -e- só em linguagem literária.
** A exclusão do -e- em verbos em -ern- ocorre na linguagem corrente.

16 Duplicação da consoante em verbos fortes em *-ten*, *-fen* e *-ßen*,
em que a vogal breve do radical se transforma em vogal longa

Infinitiv		Indikativ Präteritum	Partizip II
reiten	ei → iː	ritt	geritten
greifen	ei → iː	griff	gegriffen
beißen	ei → iː	biss	gebissen

17 Eliminação da consoante dupla em verbos fortes em *-tten*, *-ffen*, *-mmen*, *-llen* e *-ssen*, em que a vogal breve do radical se transforma em vogal longa

Infinitiv		Indikativ Präteritum		Partizip II
treffen	e → aː	traf	aː → o	getroffen
kommen	o → aː	kam	aː → o	gekommen
fallen	a → ie	fiel	ie → a	gefallen
bitten	i → aː	bat	aː → eː	gebeten
messen	e → aː	maß	aː → e	gemessen

Particularidades de forma

18 Verbos em *-ieren*
formam o *Partizip II* sem o prefixo **ge-** e com **-t** no final. Todas as outras formas seguem as dos verbos fracos regulares (conjugação n.º 4)

probieren

Indikativ Perfekt
ich habe probiert
du hast probiert
er hat probiert

wir haben probiert
ihr habt probiert
sie haben probiert

19 beginnen

Verbo forte

beginnen
começar

Mudança da vogal do radical **i – a – o**

INDIKATIV

Präsens
ich beginne
du beginnst
er beginnt
wir beginnen
ihr beginnt
sie beginnen

Perfekt
ich habe begonnen
du hast begonnen
er hat begonnen
wir haben begonnen
ihr habt begonnen
sie haben begonnen

Futur I
ich werde beginnen
du wirst beginnen
er wird beginnen
wir werden beginnen
ihr werdet beginnen
sie werden beginnen

Präteritum
ich begann
du begannst
er begann
wir begannen
ihr begannt
sie begannen

Plusquamperfekt
ich hatte begonnen
du hattest begonnen
er hatte begonnen
wir hatten begonnen
ihr hattet begonnen
sie haben begonnen

Futur II
ich werde begonnen haben
du wirst begonnen haben
er wird begonnen haben
wir werden begonnen haben
ihr werdet begonnen haben
sie werden begonnen haben

KONJUNKTIV

Konjunktiv I
ich beginne
du beginnest
er beginne
wir beginnen
ihr beginnet
sie beginnen

Perfekt
ich habe begonnen
du habest begonnen
er habe begonnen
wir haben begonnen
ihr habet begonnen
sie haben begonnen

Futur I
ich werde beginnen
du werdest beginnen
er werde beginnen
wir werden beginnen
ihr werdet beginnen
sie werden beginnen

Konjunktiv II
ich begänne / begönne*
du begännest / begönnest*
er begänne / begönne*
wir begännen / begönnen*
ihr begännet / begönnet*
sie begännen / begönnen*

Plusquamperfekt
ich hätte begonnen
du hättest begonnen
er hätte begonnen
wir hätten begonnen
ihr hättet begonnen
sie hätten begonnen

Futur II
ich werde begonnen haben
du werdest begonnen haben
er werde begonnen haben
wir werden begonnen haben
ihr werdet begonnen haben
sie werden begonnen haben

INFINITIV

Präsens
beginnen

Perfekt
begonnen haben

PARTIZIP

Partizip I
beginnend

Partizip II
begonnen

IMPERATIV

beginn(e) (du)
beginnen wir
beginnt (ihr)
beginnen Sie

* raro

beißen
morder

Verbo forte

Mudança da vogal do radical **ei – i – i**
Exclusão do **-s-** (ver p. 24) / Duplicação da consoante (ver p. 25) / Inclusão do **-e-** (ver p. 24)

INDIKATIV

Präsens
ich beiße
du beißt
er beißt
wir beißen
ihr beißt
sie beißen

Perfekt
ich habe gebissen
du hast gebissen
er hat gebissen
wir haben gebissen
ihr habt gebissen
sie haben gebissen

Futur I
ich werde beißen
du wirst beißen
er wird beißen
wir werden beißen
ihr werdet beißen
sie werden beißen

Präteritum
ich biss
du bissest
er biss
wir bissen
ihr biss(e)t
sie bissen

Plusquamperfekt
ich hatte gebissen
du hattest gebissen
er hatte gebissen
wir hatten gebissen
ihr hattet gebissen
sie hatten gebissen

Futur II
ich werde gebissen haben
du wirst gebissen haben
er wird gebissen haben
wir werden gebissen haben
ihr werdet gebissen haben
sie werden gebissen haben

KONJUNKTIV

Konjunktiv I
ich beiße
du beißest
er beiße
wir beißen
ihr beißet
sie beißen

Perfekt
ich habe gebissen
du habest gebissen
er habe gebissen
wir haben gebissen
ihr habet gebissen
sie haben gebissen

Futur I
ich werde beißen
du werdest beißen
er werde beißen
wir werden beißen
ihr werdet beißen
sie werden beißen

Konjunktiv II
ich bisse
du bissest
er bisse
wir bissen
ihr bisset
sie bissen

Plusquamperfekt
ich hätte gebissen
du hättest gebissen
er hätte gebissen
wir hätten gebissen
ihr hättet gebissen
sie hätten gebissen

Futur II
ich werde gebissen haben
du werdest gebissen haben
er werde gebissen haben
wir werden gebissen haben
ihr werdet gebissen haben
sie werden gebissen haben

INFINITIV

Präsens
beißen

Perfekt
gebissen haben

PARTIZIP

Partizip I
beißend

Partizip II
gebissen

IMPERATIV

beiß(e) (du)
beißen wir
beißt (ihr)
beißen Sie

bieten
oferecer

Verbo forte

Mudança da vogal do radical **ie – o: – o:**
Inclusão do **-e-** (ver p. 23)

INDIKATIV

Präsens
ich biete
du bietest
er bietet
wir bieten
ihr bietet
sie bieten

Perfekt
ich habe geboten
du hast geboten
er hat geboten
wir haben geboten
ihr habt geboten
sie haben geboten

Futur I
ich werde bieten
du wirst bieten
er wird bieten
wir werden bieten
ihr werdet bieten
sie werden bieten

Präteritum
ich bot
du bot(e)st
er bot
wir boten
ihr botet
sie boten

Plusquamperfekt
ich hatte geboten
du hattest geboten
er hatte geboten
wir hatten geboten
ihr hattet geboten
sie hatten geboten

Futur II
ich werde geboten haben
du wirst geboten haben
er wird geboten haben
wir werden geboten haben
ihr werdet geboten haben
sie werden geboten haben

KONJUNKTIV

Konjunktiv I
ich biete
du bietest
er biete
wir bieten
ihr bietet
sie bieten

Perfekt
ich habe geboten
du habest geboten
er habe geboten
wir haben geboten
ihr habet geboten
sie haben geboten

Futur I
ich werde bieten
du werdest bieten
er werde bieten
wir werden bieten
ihr werdet bieten
sie werden bieten

Konjunktiv II
ich böte
du bötest
er böte
wir böten
ihr bötet
sie böten

Plusquamperfekt
ich hätte geboten
du hättest geboten
er hätte geboten
wir hätten geboten
ihr hättet geboten
sie hätten geboten

Futur II
ich werde geboten haben
du werdest geboten haben
er werde geboten haben
wir werden geboten haben
ihr werdet geboten haben
sie werden geboten haben

INFINITIV

Präsens
bieten

Perfekt
geboten haben

PARTIZIP

Partizip I
bietend

Partizip II
geboten

IMPERATIV

biet(e) (du)
bieten wir
bietet (ihr)
bieten Sie

bitten
pedir

Verbo forte

Mudança da vogal do radical **i – a: – e:**
Inclusão do **-e-** (ver p. 23) / Queda da consoante dupla (ver p. 25)

INDIKATIV

Präsens
ich bitte
du bitt**e**st
er bitt**e**t
wir bitten
ihr bitt**e**t
sie bitten

Perfekt
ich habe gebeten
du hast gebeten
er hat gebeten
wir haben gebeten
ihr habt gebeten
sie haben gebeten

Futur I
ich werde bitten
du wirst bitten
er wird bitten
wir werden bitten
ihr werdet bitten
sie werden bitten

Präteritum
ich b**a**t
du b**a**t(e)st
er b**a**t
wir b**a**ten
ihr b**a**tet
sie b**a**ten

Plusquamperfekt
ich hatte gebeten
du hattest gebeten
er hatte gebeten
wir hatten gebeten
ihr hattet gebeten
sie hatten gebeten

Futur II
ich werde gebeten haben
du wirst gebeten haben
er wird gebeten haben
wir werden gebeten haben
ihr werdet gebeten haben
sie werden gebeten haben

KONJUNKTIV

Konjunktiv I
ich bitte
du bittest
er bitte
wir bitten
ihr bittet
sie bitten

Perfekt
ich habe gebeten
du habest gebeten
er habe gebeten
wir haben gebeten
ihr habet gebeten
sie haben gebeten

Futur I
ich werde bitten
du werdest bitten
er werde bitten
wir werden bitten
ihr werdet bitten
sie werden bitten

Konjunktiv II
ich b**ä**te
du b**ä**test
er b**ä**te
wir b**ä**ten
ihr b**ä**tet
sie b**ä**ten

Plusquamperfekt
ich hätte gebeten
du hättest gebeten
er hätte gebeten
wir hätten gebeten
ihr hättet gebeten
sie hätten gebeten

Futur II
ich werde gebeten haben
du werdest gebeten haben
er werde gebeten haben
wir werden gebeten haben
ihr werdet gebeten haben
sie werden gebeten haben

INFINITIV

Präsens
bitten

Perfekt
gebeten haben

PARTIZIP

Partizip I
bittend

Partizip II
geb**e**ten

IMPERATIV

bitte (du)
bitten wir
bittet (ihr)
bitten Sie

23 Verbo forte

blasen
soprar

Mudança da vogal do radical **a: – ie – a:**
Mudança de vogal no *Präsens* (ver p. 8) / Exclusão do **-s-** (ver p. 24) / Inclusão do **-e-** (ver p. 24)

INDIKATIV

Präsens	**Perfekt**	**Futur I**
ich blase	ich habe geblasen	ich werde blasen
du bläst	du hast geblasen	du wirst blasen
er bläst	er hat geblasen	er wird blasen
wir blasen	wir haben geblasen	wir werden blasen
ihr blast	ihr habt geblasen	ihr werdet blasen
sie blasen	sie haben geblasen	sie werden blasen

Präteritum	**Plusquamperfekt**	**Futur II**
ich blies	ich hatte geblasen	ich werde geblasen haben
du bliesest	du hattest geblasen	du wirst geblasen haben
er blies	er hatte geblasen	er wird geblasen haben
wir bliesen	wir hatten geblasen	wir werden geblasen haben
ihr blies(e)t	ihr hattet geblasen	ihr werdet geblasen haben
sie bliesen	sie hatten geblasen	sie werden geblasen haben

KONJUNKTIV

Konjunktiv I	**Perfekt**	**Futur I**
ich blase	ich habe geblasen	ich werde blasen
du blasest	du habest geblasen	du werdest blasen
er blase	er habe geblasen	er werde blasen
wir blasen	wir haben geblasen	wir werden blasen
ihr blaset	ihr habet geblasen	ihr werdet blasen
sie blasen	sie haben geblasen	sie werden blasen

Konjunktiv II	**Plusquamperfekt**	**Futur II**
ich bliese	ich hätte geblasen	ich werde geblasen haben
du bliesest	du hättest geblasen	du werdest geblasen haben
er bliese	er hätte geblasen	er werde geblasen haben
wir bliesen	wir hätten geblasen	wir werden geblasen haben
ihr blieset	ihr hättet geblasen	ihr werdet geblasen haben
sie bliesen	sie hätten geblasen	sie werden geblasen haben

INFINITIV

Präsens
blasen

Perfekt
geblasen haben

PARTIZIP

Partizip I
blasend

Partizip II
geblasen

IMPERATIV

blas(e) (du)
blasen wir
blast (ihr)
blasen Sie

bleiben
ficar

Verbo forte

Mudança da vogal do radical **ei – ie – ie**

INDIKATIV

Präsens
ich bleibe
du bleibst
er bleibt
wir bleiben
ihr bleibt
sie bleiben

Perfekt
ich bin geblieben
du bist geblieben
er ist geblieben
wir sind geblieben
ihr seid geblieben
sie sind geblieben

Futur I
ich werde bleiben
du wirst bleiben
er wird bleiben
wir werden bleiben
ihr werdet bleiben
sie werden bleiben

Präteritum
ich blieb
du bliebst
er blieb
wir blieben
ihr bliebt
sie blieben

Plusquamperfekt
ich war geblieben
du warst geblieben
er war geblieben
wir waren geblieben
ihr wart geblieben
sie waren geblieben

Futur II
ich werde geblieben sein
du wirst geblieben sein
er wird geblieben sein
wir werden geblieben sein
ihr werdet geblieben sein
sie werden geblieben sein

KONJUNKTIV

Konjunktiv I
ich bleibe
du bleibest
er bleibe
wir bleiben
ihr bleibet
sie bleiben

Perfekt
ich sei geblieben
du sei(e)st geblieben
er sei geblieben
wir seien geblieben
ihr sei(e)t geblieben
sie seien geblieben

Futur I
ich werde bleiben
du werdest bleiben
er werde bleiben
wir werden bleiben
ihr werdet bleiben
sie werden bleiben

Konjunktiv II
ich bliebe
du bliebest
er bliebe
wir blieben
ihr bliebet
sie blieben

Plusquamperfekt
ich wäre geblieben
du wär(e)st geblieben
er wäre geblieben
wir wären geblieben
ihr wär(e)t geblieben
sie wären geblieben

Futur II
ich werde geblieben sein
du werdest geblieben sein
er werde geblieben sein
wir werden geblieben sein
ihr werdet geblieben sein
sie werden geblieben sein

INFINITIV

Präsens
bleiben

Perfekt
geblieben sein

PARTIZIP

Partizip I
bleibend

Partizip II
geblieben

IMPERATIV

bleib(e) (du)
bleiben wir
bleibt (ihr)
bleiben Sie

25

Verbo forte

brechen
quebrar

Mudança da vogal do radical **e – a: – o**
Mudança de vogal no *Präsens* (ver p. 8)

INDIKATIV

Präsens
ich breche
du brichst
er bricht
wir brechen
ihr brecht
sie brechen

Perfekt
ich habe gebrochen
du hast gebrochen
er hat gebrochen
wir haben gebrochen
ihr habt gebrochen
sie haben gebrochen

Futur I
ich werde brechen
du wirst brechen
er wird brechen
wir werden brechen
ihr werdet brechen
sie werden brechen

Präteritum
ich brach
du brachst
er brach
wir brachen
ihr bracht
sie brachen

Plusquamperfekt
ich hatte gebrochen
du hattest gebrochen
er hatte gebrochen
wir hatten gebrochen
ihr hattet gebrochen
sie hatten gebrochen

Futur II
ich werde gebrochen haben
du wirst gebrochen haben
er wird gebrochen haben
wir werden gebrochen haben
ihr werdet gebrochen haben
sie werden gebrochen haben

KONJUNKTIV

Konjunktiv I
ich breche
du brechest
er breche
wir brechen
ihr brechet
sie brechen

Perfekt
ich habe gebrochen
du habest gebrochen
er habe gebrochen
wir haben gebrochen
ihr habet gebrochen
sie haben gebrochen

Futur I
ich werde brechen
du werdest brechen
er werde brechen
wir werden brechen
ihr werdet brechen
sie werden brechen

Konjunktiv II
ich bräche
du brächest
er bräche
wir brächen
ihr brächet
sie brächen

Plusquamperfekt
ich hätte gebrochen
du hättest gebrochen
er hätte gebrochen
wir hätten gebrochen
ihr hättet gebrochen
sie hätten gebrochen

Futur II
ich werde gebrochen haben
du werdest gebrochen haben
er werde gebrochen haben
wir werden gebrochen haben
ihr werdet gebrochen haben
sie werden gebrochen haben

INFINITIV

Präsens
brechen

Perfekt
gebrochen haben

PARTIZIP

Partizip I
brechend

Partizip II
gebrochen

IMPERATIV

brich (du)
brechen wir
brecht (ihr)
brechen Sie

bringen
trazer

Verbo fraco

Verbo irregular fraco com mudança da vogal do radical **i – a – a**

INDIKATIV

Präsens
ich bringe
du bringst
er bringt
wir bringen
ihr bringt
sie bringen

Perfekt
ich habe gebracht
du hast gebracht
er hat gebracht
wir haben gebracht
ihr habt gebracht
sie haben gebracht

Futur I
ich werde bringen
du wirst bringen
er wird bringen
wir werden bringen
ihr werdet bringen
sie werden bringen

Präteritum
ich brachte
du brachtest
er brachte
wir brachten
ihr brachtet
sie brachten

Plusquamperfekt
ich hatte gebracht
du hattest gebracht
er hatte gebracht
wir hatten gebracht
ihr hattet gebracht
sie hatten gebracht

Futur II
ich werde gebracht haben
du wirst gebracht haben
er wird gebracht haben
wir werden gebracht haben
ihr werdet gebracht haben
sie werden gebracht haben

KONJUNKTIV

Konjunktiv I
ich bringe
du bringest
er bringe
wir bringen
ihr bringet
sie bringen

Perfekt
ich habe gebracht
du habest gebracht
er habe gebracht
wir haben gebracht
ihr habet gebracht
sie haben gebracht

Futur I
ich werde bringen
du werdest bringen
er werde bringen
wir werden bringen
ihr werdet bringen
sie werden bringen

Konjunktiv II
ich brächte
du brächtest
er brächte
wir brächten
ihr brächtet
sie brächten

Plusquamperfekt
ich hätte gebracht
du hättest gebracht
er hätte gebracht
wir hätten gebracht
ihr hättet gebracht
sie hätten gebracht

Futur II
ich werde gebracht haben
du werdest gebracht haben
er werde gebracht haben
wir werden gebracht haben
ihr werdet gebracht haben
sie werden gebracht haben

INFINITIV

Präsens
bringen

Perfekt
gebracht haben

PARTIZIP

Partizip I
bringend

Partizip II
gebracht

IMPERATIV

bring(e) (du)
bringen wir
bringt (ihr)
bringen Sie

denken
pensar

Verbo fraco

Verbo irregular fraco com mudança da vogal do radical **e – a – a**

INDIKATIV

Präsens
ich denke
du denkst
er denkt
wir denken
ihr denkt
sie denken

Perfekt
ich habe gedacht
du hast gedacht
er hat gedacht
wir haben gedacht
ihr habt gedacht
sie haben gedacht

Futur I
ich werde denken
du wirst denken
er wird denken
wir werden denken
ihr werdet denken
sie werden denken

Präteritum
ich dachte
du dachtest
er dachte
wir dachten
ihr dachtet
sie dachten

Plusquamperfekt
ich hatte gedacht
du hattest gedacht
er hatte gedacht
wir hatten gedacht
ihr hattet gedacht
sie hatten gedacht

Futur II
ich werde gedacht haben
du wirst gedacht haben
er wird gedacht haben
wir werden gedacht haben
ihr werdet gedacht haben
sie werden gedacht haben

KONJUNKTIV

Konjunktiv I
ich denke
du denkest
er denke
wir denken
ihr denket
sie denken

Perfekt
ich habe gedacht
du habest gedacht
er habe gedacht
wir haben gedacht
ihr habet gedacht
sie haben gedacht

Futur I
ich werde denken
du werdest denken
er werde denken
wir werden denken
ihr werdet denken
sie werden denken

Konjunktiv II
ich dächte
du dächtest
er dächte
wir dächten
ihr dächtet
sie dächten

Plusquamperfekt
ich hätte gedacht
du hättest gedacht
er hätte gedacht
wir hätten gedacht
ihr hättet gedacht
sie hätten gedacht

Futur II
ich werde gedacht haben
du werdest gedacht haben
er werde gedacht haben
wir werden gedacht haben
ihr werdet gedacht haben
sie werden gedacht haben

INFINITIV

Präsens
denken

Perfekt
gedacht haben

PARTIZIP

Partizip I
denkend

Partizip II
gedacht

IMPERATIV

denk(e) (du)
denken wir
denkt (ihr)
denken Sie

dürfen
poder

Verbo Modal

O *Partizip II* só é substituído pelo *Infinitiv* quando é precedido por outro *Infinitv*: *Er hat singen* **dürfen**. Quando *dürfen* aparece como verbo independente emprega-se o *Partizip II*: *Er hat das* **gedurft**.

INDIKATIV

Präsens
ich darf
du darfst
er darf
wir dürfen
ihr dürft
sie dürfen

Perfekt
ich habe gedurft
du hast gedurft
er hat gedurft
wir haben gedurft
ihr habt gedurft
sie haben gedurft

Futur I
ich werde dürfen
du wirst dürfen
er wird dürfen
wir werden dürfen
ihr werdet dürfen
sie werden dürfen

Präteritum
ich durfte
du durftest
er durfte
wir durften
ihr durftet
sie durften

Plusquamperfekt
ich hatte gedurft
du hattest gedurft
er hatte gedurft
wir hatten gedurft
ihr hattet gedurft
sie hatten gedurft

Futur II
ich werde gedurft haben
du wirst gedurft haben
er wird gedurft haben
wir werden gedurft haben
ihr werdet gedurft haben
sie werden gedurft haben

KONJUNKTIV

Konjunktiv I
ich dürfe
du dürfest
er dürfe
wir dürfen
ihr dürfet
sie dürfen

Perfekt
ich habe gedurft
du habest gedurft
er habe gedurft
wir haben gedurft
ihr habet gedurft
sie haben gedurft

Futur I
ich werde dürfen
du werdest dürfen
er werde dürfen
wir werden dürfen
ihr werdet dürfen
sie werden dürfen

Konjunktiv II
ich dürfte
du dürftest
er dürfte
wir dürften
ihr dürftet
sie dürften

Plusquamperfekt
ich hätte gedurft
du hättest gedurft
er hätte gedurft
wir hätten gedurft
ihr hättet gedurft
sie hätten gedurft

Futur II
ich werde gedurft haben
du werdest gedurft haben
er werde gedurft haben
wir werden gedurft haben
ihr werdet gedurft haben
sie werden gedurft haben

INFINITIV

Präsens
dürfen

Perfekt
gedurft haben

PARTIZIP

Partizip I
dürfend

Partizip II
gedurft

IMPERATIV

—
—
—
—

Verbo forte

dreschen
malhar

Mudança da vogal do radical **e – o – o**
Mudança de vogal no *Präsens* (ver p. 8)

INDIKATIV

Präsens
ich dresche
du drischst
er drischt
wir dreschen
ihr drescht
sie dreschen

Perfekt
ich habe gedroschen
du hast gedroschen
er hat gedroschen
wir haben gedroschen
ihr habt gedroschen
sie haben gedroschen

Futur I
ich werde dreschen
du wirst dreschen
er wird dreschen
wir werden dreschen
ihr werdet dreschen
sie werden dreschen

Präteritum
ich drosch / drasch*
du droschst / drasch(e)st*
er drosch / drasch*
wir droschen / draschen*
ihr droscht / drascht*
sie droschen / draschen*

Plusquamperfekt
ich hatte gedroschen
du hattest gedroschen
er hatte gedroschen
wir hatten gedroschen
ihr hattet gedroschen
sie hatten gedroschen

Futur II
ich werde gedroschen haben
du wirst gedroschen haben
er wird gedroschen haben
wir werden gedroschen haben
ihr werdet gedroschen haben
sie werden gedroschen haben

KONJUNKTIV

Konjunktiv I
ich dresche
du dreschest
er dresche
wir dreschen
ihr dreschet
sie dreschen

Perfekt
ich habe gedroschen
du habest gedroschen
er habe gedroschen
wir haben gedroschen
ihr habet gedroschen
sie haben gedroschen

Futur I
ich werde dreschen
du werdest dreschen
er werde dreschen
wir werden dreschen
ihr werdet dreschen
sie werden dreschen

Konjunktiv II
ich drösche / drästhe*
du dröschest / dräschest*
er drösche / dräsche*
wir dröschen / dräschen*
ihr dröschet / dräschet*
sie dröschen / dräschen*

Plusquamperfekt
ich hätte gedroschen
du hättest gedroschen
er hätte gedroschen
wir hätten gedroschen
ihr hättet gedroschen
sie hätten gedroschen

Futur II
ich werde gedroschen haben
du werdest gedroschen haben
er werde gedroschen haben
wir werden gedroschen haben
ihr werdet gedroschen haben
sie werden gedroschen haben

INFINITIV

Präsens
dreschen

Perfekt
gedroschen haben

PARTIZIP

Partizip I
dreschend

Partizip II
gedroschen

IMPERATIV

drisch (du)
dreschen wir
drescht (ihr)
dreschen Sie

* obsoleto

erschrecken
assustar*

Verbo forte

Mudança da vogal do radical **e – a: – e**
Mudança de vogal no *Präsens* (ver p. 8) / Exclusão da consoante dupla (**ck → k**) (ver p. 25)

INDIKATIV

Präsens
ich erschrecke
du erschrickst
er erschrickt
wir erschrecken
ihr erschreckt
sie erschrecken

Perfekt
ich bin erschrocken
du bist erschrocken
er ist erschrocken
wir sind erschrocken
ihr seid erschrocken
sie sind erschrocken

Futur I
ich werde erschrecken
du wirst erschrecken
er wird erschrecken
wir werden erschrecken
ihr werdet erschrecken
sie werden erschrecken

Präteritum
ich erschrak
du erschrakst
er erschrak
wir erschraken
ihr erschrakt
sie erschraken

Plusquamperfekt
ich war erschrocken
du warst erschrocken
er war erschrocken
wir waren erschrocken
ihr wart erschrocken
sie waren erschrocken

Futur II
ich werde erschrocken sein
du wirst erschrocken sein
er wird erschrocken sein
wir werden erschrocken sein
ihr werdet erschrocken sein
sie werden erschrocken sein

KONJUNKTIV

Konjunktiv I
ich erschrecke
du erschreckest
er erschrecke
wir erschrecken
ihr erschrecket
sie erschrecken

Perfekt
ich sei erschrocken
du sei(e)st erschrocken
er sei erschrocken
wir seien erschrocken
ihr sei(e)t erschrocken
sie seien erschrocken

Futur I
ich werde erschrecken
du werdest erschrecken
er werde erschrecken
wir werden erschrecken
ihr werdet erschrecken
sie werden erschrecken

Konjunktiv II
ich erschräke
du erschräkest
er erschräke
wir erschräken
ihr erschräket
sie erschräken

Plusquamperfekt
ich wäre erschrocken
du wär(e)st erschrocken
er wäre erschrocken
wir wären erschrocken
ihr wär(e)t erschrocken
sie wären erschrocken

Futur II
ich werde erschrocken sein
du werdest erschrocken sein
er werde erschrocken sein
wir werden erschrocken sein
ihr werdet erschrocken sein
sie werden erschrocken sein

INFINITIV

Präsens
erschrecken

Perfekt
erschrocken sein

PARTIZIP

Partizip I
erschreckend

Partizip II
erschrocken

IMPERATIV

erschrick (du)
erschrecken wir
erschreckt (ihr)
erschrecken Sie

* *erschrecken* também é conjugado como verbo fraco (→ n° 4) e com *haben* → 📖;
sich erschrecken é conjugado como verbo forte e fraco, e com *haben*.

Verbo forte

erwägen
ponderar

Mudança da vogal do radical **ä – oː – oː**

INDIKATIV

Präsens
ich erwäge
du erwägst
er erwägt
wir erwägen
ihr erwägt
sie erwägen

Präteritum
ich erwog
du erwogst
er erwog
wir erwogen
ihr erwogt
sie erwogen

Perfekt
ich habe erwogen
du hast erwogen
er hat erwogen
wir haben erwogen
ihr habt erwogen
sie haben erwogen

Plusquamperfekt
ich hatte erwogen
du hattest erwogen
er hatte erwogen
wir hatten erwogen
ihr hattet erwogen
sie hatten erwogen

Futur I
ich werde erwägen
du wirst erwägen
er wird erwägen
wir werden erwägen
ihr werdet erwägen
sie werden erwägen

Futur II
ich werde erwogen haben
du wirst erwogen haben
er wird erwogen haben
wir werden erwogen haben
ihr werdet erwogen haben
sie werden erwogen haben

KONJUNKTIV

Konjunktiv I
ich erwäge
du erwägest
er erwäge
wir erwägen
ihr erwäget
sie erwägen

Konjunktiv II
ich erwöge
du erwögest
er erwöge
wir erwögen
ihr erwöget
sie erwögen

Perfekt
ich habe erwogen
du habest erwogen
er habe erwogen
wir haben erwogen
ihr habet erwogen
sie haben erwogen

Plusquamperfekt
ich hätte erwogen
du hättest erwogen
er hätte erwogen
wir hätten erwogen
ihr hättet erwogen
sie hätten erwogen

Futur I
ich werde erwägen
du werdest erwägen
er werde erwägen
wir werden erwägen
ihr werdet erwägen
sie werden erwägen

Futur II
ich werde erwogen haben
du werdest erwogen haben
er werde erwogen haben
wir werden erwogen haben
ihr werdet erwogen haben
sie werden erwogen haben

INFINITIV

Präsens
erwägen

Perfekt
erwogen haben

PARTIZIP

Partizip I
erwägend

Partizip II
erwogen / erwägt

IMPERATIV

erwäg(e) (du)
erwägen wir
erwägt (ihr)
erwägen Sie

fallen
cair

Verbo forte

Mudança da vogal do radical **a – ie – a**
Mudança de vogal no *Präsens* (ver p. 8) / Queda da consoante dupla (ver p. 25)

INDIKATIV

Präsens
ich falle
du fällst
er fällt
wir fallen
ihr fallt
sie fallen

Perfekt
ich bin gefallen
du bist gefallen
er ist gefallen
wir sind gefallen
ihr seid gefallen
sie sind gefallen

Futur I
ich werde fallen
du wirst fallen
er wird fallen
wir werden fallen
ihr werdet fallen
sie werden fallen

Präteritum
ich fiel
du fielst
er fiel
wir fielen
ihr fielt
sie fielen

Plusquamperfekt
ich war gefallen
du warst gefallen
er war gefallen
wir waren gefallen
ihr wart gefallen
sie waren gefallen

Futur II
ich werde gefallen sein
du wirst gefallen sein
er wird gefallen sein
wir werden gefallen sein
ihr werdet gefallen sein
sie werden gefallen sein

KONJUNKTIV

Konjunktiv I
ich falle
du fallest
er falle
wir fallen
ihr fallet
sie fallen

Perfekt
ich sei gefallen
du sei(e)st gefallen
er sei gefallen
wir seien gefallen
ihr sei(e)t gefallen
sie seien gefallen

Futur I
ich werde fallen
du werdest fallen
er werde fallen
wir werden fallen
ihr werdet fallen
sie werden fallen

Konjunktiv II
ich fiele
du fielest
er fiele
wir fielen
ihr fielet
sie fielen

Plusquamperfekt
ich wäre gefallen
du wär(e)st gefallen
er wäre gefallen
wir wären gefallen
ihr wär(e)t gefallen
sie wären gefallen

Futur II
ich werde gefallen sein
du werdest gefallen sein
er werde gefallen sein
wir werden gefallen sein
ihr werdet gefallen sein
sie werden gefallen sein

INFINITIV

Präsens
fallen

Perfekt
gefallen sein

PARTIZIP

Partizip I
fallend

Partizip II
gefallen

IMPERATIV

fall(e) (du)
fallen wir
fallt (ihr)
fallen Sie

Verbo forte

fangen
pegar

Mudança da vogal do radical **a – i – a**
Mudança de vogal no *Präsens* (ver p. 8)

INDIKATIV

Präsens	Perfekt	Futur I
ich fange	ich habe gefangen	ich werde fangen
du fängst	du hast gefangen	du wirst fangen
er fängt	er hat gefangen	er wird fangen
wir fangen	wir haben gefangen	wir werden fangen
ihr fangt	ihr habt gefangen	ihr werdet fangen
sie fangen	sie haben gefangen	sie werden fangen

Präteritum	Plusquamperfekt	Futur II
ich fing	ich hatte gefangen	ich werde gefangen haben
du fingst	du hattest gefangen	du wirst gefangen haben
er fing	er hatte gefangen	er wird gefangen haben
wir fingen	wir hatten gefangen	wir werden gefangen haben
ihr fingt	ihr hattet gefangen	ihr werdet gefangen haben
sie fingen	sie hatten gefangen	sie werden gefangen haben

KONJUNKTIV

Konjunktiv I	Perfekt	Futur I
ich fange	ich habe gefangen	ich werde fangen
du fangest	du habest gefangen	du werdest fangen
er fange	er habe gefangen	er werde fangen
wir fangen	wir haben gefangen	wir werden fangen
ihr fanget	ihr habet gefangen	ihr werdet fangen
sie fangen	sie haben gefangen	sie werden fangen

Konjunktiv II	Plusquamperfekt	Futur II
ich finge	ich hätte gefangen	ich werde gefangen haben
du fingest	du hättest gefangen	du werdest gefangen haben
er finge	er hätte gefangen	er werde gefangen haben
wir fingen	wir hätten gefangen	wir werden gefangen haben
ihr finget	ihr hättet gefangen	ihr werdet gefangen haben
sie fingen	sie hätten gefangen	sie werden gefangen haben

INFINITIV

Präsens
fangen

Perfekt
gefangen haben

PARTIZIP

Partizip I
fangend

Partizip II
gefangen

IMPERATIV

fang(e) (du)
fangen wir
fangt (ihr)
fangen Sie

finden
achar

Verbo forte

Mudança da vogal no radical **i – a – u**
Inclusão do **-e-** (ver p. 23)

INDIKATIV

Präsens	**Perfekt**	**Futur I**
ich finde	ich habe gefunden	ich werde finden
du find**e**st	du hast gefunden	du wirst finden
er find**e**t	er hat gefunden	er wird finden
wir finden	wir haben gefunden	wir werden finden
ihr find**e**t	ihr habt gefunden	ihr werdet finden
sie finden	sie haben gefunden	sie werden finden

Präteritum	**Plusquamperfekt**	**Futur II**
ich fand	ich hatte gefunden	ich werde gefunden haben
du fandst	du hattest gefunden	du wirst gefunden haben
er fand	er hatte gefunden	er wird gefunden haben
wir fanden	wir hatten gefunden	wir werden gefunden haben
ihr fand**e**t	ihr hattet gefunden	ihr werdet gefunden haben
sie fanden	sie hatten gefunden	sie werden gefunden haben

KONJUNKTIV

Konjunktiv I	**Perfekt**	**Futur I**
ich finde	ich habe gefunden	ich werde finden
du findest	du habest gefunden	du werdest finden
er finde	er habe gefunden	er werde finden
wir finden	wir haben gefunden	wir werden finden
ihr findet	ihr habet gefunden	ihr werdet finden
sie finden	sie haben gefunden	sie werden finden

Konjunktiv II	**Plusquamperfekt**	**Futur II**
ich fände	ich hätte gefunden	ich werde gefunden haben
du fändest	du hättest gefunden	du werdest gefunden haben
er fände	er hätte gefunden	er werde gefunden haben
wir fänden	wir hätten gefunden	wir werden gefunden haben
ihr fändet	ihr hättet gefunden	ihr werdet gefunden haben
sie fänden	sie hätten gefunden	sie werden gefunden haben

INFINITIV

Präsens
finden

Perfekt
gefunden haben

PARTIZIP

Partizip I
findend

Partizip II
gef**u**nden

IMPERATIV

find(e) (du)
finden wir
findet (ihr)
finden Sie

35

fließen

Verbo forte

fließen
fluir, escorrer

Mudança da vogal do radical **ie – o – o**
Exclusão do **-s-** (ver p. 24) / Duplicação da consoante (ver p. 25) / Inclusão do **-e-** (ver p. 24)

INDIKATIV

Präsens	**Perfekt**	**Futur I**
ich fließe	ich bin geflossen	ich werde fließen
du fließt	du bist geflossen	du wirst fließen
er fließt	er ist geflossen	er wird fließen
wir fließen	wir sind geflossen	wir werden fließen
ihr fließt	ihr seid geflossen	ihr werdet fließen
sie fließen	sie sind geflossen	sie werden fließen

Präteritum	**Plusquamperfekt**	**Futur II**
ich floss	ich war geflossen	ich werde geflossen sein
du flossest	du warst geflossen	du wirst geflossen sein
er floss	er war geflossen	er wird geflossen sein
wir flossen	wir waren geflossen	wir werden geflossen sein
ihr floss(e)t	ihr wart geflossen	ihr werdet geflossen sein
sie flossen	sie waren geflossen	sie werden geflossen sein

KONJUNKTIV

Konjunktiv I	**Perfekt**	**Futur I**
ich fließe	ich sei geflossen	ich werde fließen
du fließest	du sei(e)st geflossen	du werdest fließen
er fließe	er sei geflossen	er werde fließen
wir fließen	wir seien geflossen	wir werden fließen
ihr fließet	ihr sei(e)t geflossen	ihr werdet fließen
sie fließen	sie seien geflossen	sie werden fließen

Konjunktiv II	**Plusquamperfekt**	**Futur II**
ich flösse	ich wäre geflossen	ich werde geflossen sein
du flössest	du wär(e)st geflossen	du werdest geflossen sein
er flösse	er wäre geflossen	er werde geflossen sein
wir flössen	wir wären geflossen	wir werden geflossen sein
ihr flösset	ihr wär(e)t geflossen	ihr werdet geflossen sein
sie flössen	sie wären geflossen	sie werden geflossen sein

INFINITIV

Präsens
fließen

Perfekt
geflossen sein

PARTIZIP

Partizip I
fließend

Partizip II
geflossen

IMPERATIV

fließ(e) (du)
fließen wir
fließt (ihr)
fließen Sie

geben
dar

Verbo forte

Mudança da vogal do radical **e: – a: – e:**
Mudança de vogal no *Präsens* (ver p. 8)

INDIKATIV

Präsens
ich gebe
du gibst
er gibt
wir geben
ihr gebt
sie geben

Präteritum
ich gab
du gabst
er gab
wir gaben
ihr gabt
sie gaben

Perfekt
ich habe gegeben
du hast gegeben
er hat gegeben
wir haben gegeben
ihr habt gegeben
sie haben gegeben

Plusquamperfekt
ich hatte gegeben
du hattest gegeben
er hatte gegeben
wir hatten gegeben
ihr hattet gegeben
sie hatten gegeben

Futur I
ich werde geben
du wirst geben
er wird geben
wir werden geben
ihr werdet geben
sie werden geben

Futur II
ich werde gegeben haben
du wirst gegeben haben
er wird gegeben haben
wir werden gegeben haben
ihr werdet gegeben haben
sie werden gegeben haben

KONJUNKTIV

Konjunktiv I
ich gebe
du gebest
er gebe
wir geben
ihr gebet
sie geben

Konjunktiv II
ich gäbe
du gäb(e)st
er gäbe
wir gäben
ihr gäb(e)t
sie gäben

Perfekt
ich habe gegeben
du habest gegeben
er habe gegeben
wir haben gegeben
ihr habet gegeben
sie haben gegeben

Plusquamperfekt
ich hätte gegeben
du hättest gegeben
er hätte gegeben
wir hätten gegeben
ihr hättet gegeben
sie hätten gegeben

Futur I
ich werde geben
du werdest geben
er werde geben
wir werden geben
ihr werdet geben
sie werden geben

Futur II
ich werde gegeben haben
du werdest gegeben haben
er werde gegeben haben
wir werden gegeben haben
ihr werdet gegeben haben
sie werden gegeben haben

INFINITIV

Präsens
geben

Perfekt
gegeben haben

PARTIZIP

Partizip I
gebend

Partizip II
gegeben

IMPERATIV

gib (du)
geben wir
gebt (ihr)
geben Sie

37 Verbo forte

gehen
andar, ir

Verbo irregular com mudança da vogal do radical **e: – i – a**

INDIKATIV

Präsens	Perfekt	Futur I
ich gehe	ich bin gegangen	ich werde gehen
du gehst	du bist gegangen	du wirst gehen
er geht	er ist gegangen	er wird gehen
wir gehen	wir sind gegangen	wir werden gehen
ihr geht	ihr seid gegangen	ihr werdet gehen
sie gehen	sie sind gegangen	sie werden gehen

Präteritum	Plusquamperfekt	Futur II
ich ging	ich war gegangen	ich werde gegangen sein
du gingst	du warst gegangen	du wirst gegangen sein
er ging	er war gegangen	er wird gegangen sein
wir gingen	wir waren gegangen	wir werden gegangen sein
ihr gingt	ihr wart gegangen	ihr werdet gegangen sein
sie gingen	sie waren gegangen	sie werden gegangen sein

KONJUNKTIV

Konjunktiv I	Perfekt	Futur I
ich gehe	ich sei gegangen	ich werde gehen
du gehest	du sei(e)st gegangen	du werdest gehen
er gehe	er sei gegangen	er werde gehen
wir gehen	wir seien gegangen	wir werden gehen
ihr gehet	ihr sei(e)t gegangen	ihr werdet gehen
sie gehen	sie seien gegangen	sie werden gehen

Konjunktiv II	Plusquamperfekt	Futur II
ich ginge	ich wäre gegangen	ich werde gegangen sein
du gingest	du wär(e)st gegangen	du werdest gegangen sein
er ginge	er wäre gegangen	er werde gegangen sein
wir gingen	wir wären gegangen	wir werden gegangen sein
ihr ginget	ihr wär(e)t gegangen	ihr werdet gegangen sein
sie gingen	sie wären gegangen	sie werden gegangen sein

INFINITIV

Präsens
gehen

Perfekt
gegangen sein

PARTIZIP

Partizip I
gehend

Partizip II
gegangen

IMPERATIV

geh(e) (du)
gehen wir
geht (ihr)
gehen Sie

44

gelten
valer

Verbo forte

Mudança da vogal do radical **e – a – o**
Mudança de vogal no *Präsens* (ver p. 8) / Inclusão do **-e-** (ver p. 23)

INDIKATIV

Präsens
ich gelte
du giltst
er gilt
wir gelten
ihr geltet
sie gelten

Perfekt
ich habe gegolten
du hast gegolten
er hat gegolten
wir haben gegolten
ihr habt gegolten
sie haben gegolten

Futur I
ich werde gelten
du wirst gelten
er wird gelten
wir werden gelten
ihr werdet gelten
sie werden gelten

Präteritum
ich galt
du galt(e)st
er galt
wir galten
ihr galtet
sie galten

Plusquamperfekt
ich hatte gegolten
du hattest gegolten
er hatte gegolten
wir hatten gegolten
ihr hattet gegolten
sie hatten gegolten

Futur II
ich werde gegolten haben
du wirst gegolten haben
er wird gegolten haben
wir werden gegolten haben
ihr werdet gegolten haben
sie werden gegolten haben

KONJUNKTIV

Konjunktiv I
ich gelte
du geltest
er gelte
wir gelten
ihr geltet
sie gelten

Perfekt
ich habe gegolten
du habest gegolten
er habe gegolten
wir haben gegolten
ihr habet gegolten
sie haben gegolten

Futur I
ich werde gelten
du werdest gelten
er werde gelten
wir werden gelten
ihr werdet gelten
sie werden gelten

Konjunktiv II
ich gälte / gölte
du gältest / göltest
er gälte / gölte
wir gälten / gölten
ihr gältet /göltet
sie gälten / gölten

Plusquamperfekt
ich hätte gegolten
du hättest gegolten
er hätte gegolten
wir hätten gegolten
ihr hättet gegolten
sie hätten gegolten

Futur II
ich werde gegolten haben
du werdest gegolten haben
er werde gegolten haben
wir werden gegolten haben
ihr werdet gegolten haben
sie werden gegolten haben

INFINITIV

Präsens
gelten

Perfekt
gegolten haben

PARTIZIP

Partizip I
geltend

Partizip II
gegolten

IMPERATIV

gelt(e) / gilt* (du)
gelten wir
geltet (ihr)
gelten Sie

* raro

Verbo forte

gleichen
igualar

Mudança da vogal do radical **ei – i – i**

INDIKATIV

Präsens
ich gleiche
du gleichst
er gleicht
wir gleichen
ihr gleicht
sie gleichen

Perfekt
ich habe geglichen
du hast geglichen
er hat geglichen
wir haben geglichen
ihr habt geglichen
sie haben geglichen

Futur I
ich werde gleichen
du wirst gleichen
er wird gleichen
wir werden gleichen
ihr werdet gleichen
sie werden gleichen

Präteritum
ich glich
du glichst
er glich
wir glichen
ihr glicht
sie glichen

Plusquamperfekt
ich hatte geglichen
du hattest geglichen
er hatte geglichen
wir hatten geglichen
ihr hattet geglichen
sie hatten geglichen

Futur II
ich werde geglichen haben
du wirst geglichen haben
er wird geglichen haben
wir werden geglichen haben
ihr werdet geglichen haben
sie werden geglichen haben

KONJUNKTIV

Konjunktiv I
ich gleiche
du gleichest
er gleiche
wir gleichen
ihr gleichet
sie gleichen

Perfekt
ich habe geglichen
du habest geglichen
er habe geglichen
wir haben geglichen
ihr habet geglichen
sie haben geglichen

Futur I
ich werde gleichen
du werdest gleichen
er werde gleichen
wir werden gleichen
ihr werdet gleichen
sie werden gleichen

Konjunktiv II
ich gliche
du glichest
er gliche
wir glichen
ihr glichet
sie glichen

Plusquamperfekt
ich hätte geglichen
du hättest geglichen
er hätte geglichen
wir hätten geglichen
ihr hättet geglichen
sie hätten geglichen

Futur II
ich werde geglichen haben
du werdest geglichen haben
er werde geglichen haben
wir werden geglichen haben
ihr werdet geglichen haben
sie werden geglichen haben

INFINITIV

Präsens
gleichen

Perfekt
geglichen haben

PARTIZIP

Partizip I
gleichend

Partizip II
geglichen

IMPERATIV

gleich(e) (du)
gleichen wir
gleicht (ihr)
gleichen Sie

gleiten
escorregar

Verbo forte

Mudança da vogal do radical **ei – i – i**
Inclusão do **-e-** (ver p. 23) / Duplicação da consoante (ver p. 25)

INDIKATIV

Präsens
ich gleite
du gleitest
er gleitet
wir gleiten
ihr gleitet
sie gleiten

Perfekt
ich bin geglitten
du bist geglitten
er ist geglitten
wir sind geglitten
ihr seid geglitten
sie sind geglitten

Futur I
ich werde gleiten
du wirst gleiten
er wird gleiten
wir werden gleiten
ihr werdet gleiten
sie werden gleiten

Präteritum
ich glitt
du glittst
er glitt
wir glitten
ihr glittet
sie glitten

Plusquamperfekt
ich war geglitten
du warst geglitten
er war geglitten
wir waren geglitten
ihr wart geglitten
sie waren geglitten

Futur II
ich werde geglitten sein
du wirst geglitten sein
er wird geglitten sein
wir werden geglitten sein
ihr werdet geglitten sein
sie werden geglitten sein

KONJUNKTIV

Konjunktiv I
ich gleite
du gleitest
er gleite
wir gleiten
ihr gleitet
sie gleiten

Perfekt
ich sei geglitten
du sei(e)st geglitten
er sei geglitten
wir seien geglitten
ihr sei(e)t geglitten
sie seien geglitten

Futur I
ich werde gleiten
du werdest gleiten
er werde gleiten
wir werden gleiten
ihr werdet gleiten
sie werden gleiten

Konjunktiv II
ich glitte
du glittest
er glitte
wir glitten
ihr glittet
sie glitten

Plusquamperfekt
ich wäre geglitten
du wär(e)st geglitten
er wäre geglitten
wir wären geglitten
ihr wär(e)t geglitten
sie wären geglitten

Futur II
ich werde geglitten sein
du werdest geglitten sein
er werde geglitten sein
wir werden geglitten sein
ihr werdet geglitten sein
sie werden geglitten sein

INFINITIV

Präsens
gleiten

Perfekt
geglitten sein

PARTIZIP

Partizip I
gleitend

Partizip II
geglitten

IMPERATIV

gleit(e) (du)
gleiten wir
gleitet (ihr)
gleiten Sie

41 greifen

Verbo forte

greifen
agarrar

Mudança da vogal do radical **ei – i – i**
Duplicação da consoante (ver p. 25)

INDIKATIV

Präsens	**Perfekt**	**Futur I**
ich greife	ich habe gegriffen	ich werde greifen
du greifst	du hast gegriffen	du wirst greifen
er greift	er hat gegriffen	er wird greifen
wir greifen	wir haben gegriffen	wir werden greifen
ihr greift	ihr habt gegriffen	ihr werdet greifen
sie greifen	sie haben gegriffen	sie werden greifen

Präteritum	**Plusquamperfekt**	**Futur II**
ich griff	ich hatte gegriffen	ich werde gegriffen haben
du griffst	du hattest gegriffen	du wirst gegriffen haben
er griff	er hatte gegriffen	er wird gegriffen haben
wir griffen	wir hatten gegriffen	wir werden gegriffen haben
ihr grifft	ihr hattet gegriffen	ihr werdet gegriffen haben
sie griffen	sie hatten gegriffen	sie werden gegriffen haben

KONJUNKTIV

Konjunktiv I	**Perfekt**	**Futur I**
ich greife	ich habe gegriffen	ich werde greifen
du greifest	du habest gegriffen	du werdest greifen
er greife	er habe gegriffen	er werde greifen
wir greifen	wir haben gegriffen	wir werden greifen
ihr greifet	ihr habet gegriffen	ihr werdet greifen
sie greifen	sie haben gegriffen	sie werden greifen

Konjunktiv II	**Plusquamperfekt**	**Futur II**
ich griffe	ich hätte gegriffen	ich werde gegriffen haben
du griffest	du hättest gegriffen	du werdest gegriffen haben
er griffe	er hätte gegriffen	er werde gegriffen haben
wir griffen	wir hätten gegriffen	wir werden gegriffen haben
ihr griffet	ihr hättet gegriffen	ihr werdet gegriffen haben
sie griffen	sie hätten gegriffen	sie werden gegriffen haben

INFINITIV

Präsens
greifen

Perfekt
gegriffen haben

PARTIZIP

Partizip I
greifend

Partizip II
gegriffen

IMPERATIV

greif(e) (du)
greifen wir
greift (ihr)
greifen Sie

48

halten
segurar

Verbo forte

Mudança da vogal do radical **a – ie – a**
Mudança de vogal no *Präsens* (ver p. 8) / Inclusão do **-e-** (ver p. 23)

INDIKATIV

Präsens
ich halte
du hältst
er hält
wir halten
ihr haltet
sie halten

Perfekt
ich habe gehalten
du hast gehalten
er hat gehalten
wir haben gehalten
ihr habt gehalten
sie haben gehalten

Futur I
ich werde halten
du wirst halten
er wird halten
wir werden halten
ihr werdet halten
sie werden halten

Präteritum
ich hielt
du hielt(e)st
er hielt
wir hielten
ihr hieltet
sie hielten

Plusquamperfekt
ich hatte gehalten
du hattest gehalten
er hatte gehalten
wir hatten gehalten
ihr hattet gehalten
sie hatten gehalten

Futur II
ich werde gehalten haben
du wirst gehalten haben
er wird gehalten haben
wir werden gehalten haben
ihr werdet gehalten haben
sie werden gehalten haben

KONJUNKTIV

Konjunktiv I
ich halte
du haltest
er halte
wir halten
ihr haltet
sie halten

Perfekt
ich habe gehalten
du habest gehalten
er habe gehalten
wir haben gehalten
ihr habet gehalten
sie haben gehalten

Futur I
ich werde halten
du werdest halten
er werde halten
wir werden halten
ihr werdet halten
sie werden halten

Konjunktiv II
ich hielte
du hieltest
er hielte
wir hielten
ihr hieltet
sie hielten

Plusquamperfekt
ich hätte gehalten
du hättest gehalten
er hätte gehalten
wir hätten gehalten
ihr hättet gehalten
sie hätten gehalten

Futur II
ich werde gehalten haben
du werdest gehalten haben
er werde gehalten haben
wir werden gehalten haben
ihr werdet gehalten haben
sie werden gehalten haben

INFINITIV

Präsens
halten

Perfekt
gehalten haben

PARTIZIP

Partizip I
haltend

Partizip II
gehalten

IMPERATIV

halt(e) (du)
halten wir
haltet (ihr)
halten Sie

43

Verbo forte

hängen
pender*

Mudança da vogal do radical **ä – i – a**

INDIKATIV

Präsens
ich hänge
du hängst
er hängt
wir hängen
ihr hängt
sie hängen

Perfekt
ich habe gehangen
du hast gehangen
er hat gehangen
wir haben gehangen
ihr habt gehangen
sie haben gehangen

Futur I
ich werde hängen
du wirst hängen
er wird hängen
wir werden hängen
ihr werdet hängen
sie werden hängen

Präteritum
ich hing
du hing(e)st
er hing
wir hingen
ihr hingt
sie hingen

Plusquamperfekt
ich hatte gehangen
du hattest gehangen
er hatte gehangen
wir hatten gehangen
ihr hattet gehangen
sie hatten gehangen

Futur II
ich werde gehangen haben
du wirst gehangen haben
er wird gehangen haben
wir werden gehangen haben
ihr werdet gehangen haben
sie werden gehangen haben

KONJUNKTIV

Konjunktiv I
ich hänge
du hängest
er hänge
wir hängen
ihr hänget
sie hängen

Perfekt
ich habe gehangen
du habest gehangen
er habe gehangen
wir haben gehangen
ihr habet gehangen
sie haben gehangen

Futur I
ich werde hängen
du werdest hängen
er werde hängen
wir werden hängen
ihr werdet hängen
sie werden hängen

Konjunktiv II
ich hinge
du hingest
er hinge
wir hingen
ihr hinget
sie hingen

Plusquamperfekt
ich hätte gehangen
du hättest gehangen
er hätte gehangen
wir hätten gehangen
ihr hättet gehangen
sie hätten gehangen

Futur II
ich werde gehangen haben
du werdest gehangen haben
er werde gehangen haben
wir werden gehangen haben
ihr werdet gehangen haben
sie werden gehangen haben

INFINITIV

Präsens
hängen

Perfekt
gehangen haben/sein**

PARTIZIP

Partizip I
hängend

Partizip II
gehangen

IMPERATIV

häng(e) (du)
hängen wir
hängt (ihr)
hängen Sie

* *hängen* também pode ser conjugado como verbo fraco (→ nº 4) → 📖;
** No sul da Alemanha também é conjugado como *sein*

heben
segurar

Verbo forte

Mudança da vogal do radical **e – oː – oː**

INDIKATIV

Präsens
ich hebe
du hebst
er hebt
wir heben
ihr hebt
sie heben

Perfekt
ich habe gehoben
du hast gehoben
er hat gehoben
wir haben gehoben
ihr habt gehoben
sie haben gehoben

Futur I
ich werde heben
du wirst heben
er wird heben
wir werden heben
ihr werdet heben
sie werden heben

Präteritum
ich hob / hub*
du hobst / hubst*
er hob / hub*
wir hoben / huben*
ihr hobt / hubt*
sie hoben / huben*

Plusquamperfekt
ich hatte gehoben
du hattest gehoben
er hatte gehoben
wir hatten gehoben
ihr hattet gehoben
sie hatten gehoben

Futur II
ich werde gehoben haben
du wirst gehoben haben
er wird gehoben haben
wir werden gehoben haben
ihr werdet gehoben haben
sie werden gehoben haben

KONJUNKTIV

Konjunktiv I
ich hebe
du hebest
er hebe
wir heben
ihr hebet
sie heben

Perfekt
ich habe gehoben
du habest gehoben
er habe gehoben
wir haben gehoben
ihr habet gehoben
sie haben gehoben

Futur I
ich werde heben
du werdest heben
er werde heben
wir werden heben
ihr werdet heben
sie werden heben

Konjunktiv II
ich höbe / hübe*
du höbest / hübest*
er höbe / hübe*
wir höben / hüben*
ihr höbet / hübet*
sie höben / hüben*

Plusquamperfekt
ich hätte gehoben
du hättest gehoben
er hätte gehoben
wir hätten gehoben
ihr hättet gehoben
sie hätten gehoben

Futur II
ich werde gehoben haben
du werdest gehoben haben
er werde gehoben haben
wir werden gehoben haben
ihr werdet gehoben haben
sie werden gehoben haben

INFINITIV

Präsens
heben

Perfekt
gehoben haben

PARTIZIP

Partizip I
hebend

Partizip II
gehoben

IMPERATIV

heb(e) (du)
heben wir
hebt (ihr)
heben Sie

* formas obsoletas, valem apenas para *heben* e derivados

45

Verbo forte

heißen
chamar-se*

Mudança da vogal do radical **ei – ie – ei**
Exclusão do **-s-** (ver p. 24) / Inclusão do **-e-** (ver p. 24)

INDIKATIV

Präsens	**Perfekt**	**Futur I**
ich heiße	ich habe geheißen	ich werde heißen
du heißt	du hast geheißen	du wirst heißen
er heißt	er hat geheißen	er wird heißen
wir heißen	wir haben geheißen	wir werden heißen
ihr heißt	ihr habt geheißen	ihr werdet heißen
sie heißen	sie haben geheißen	sie werden heißen

Präteritum	**Plusquamperfekt**	**Futur II**
ich hieß	ich hatte geheißen	ich werde geheißen haben
du hießest	du hattest geheißen	du wirst geheißen haben
er hieß	er hatte geheißen	er wird geheißen haben
wir hießen	wir hatten geheißen	wir werden geheißen haben
ihr hieß(e)t	ihr hattet geheißen	ihr werdet geheißen haben
sie hießen	sie hatten geheißen	sie werden geheißen haben

KONJUNKTIV

Konjunktiv I	**Perfekt**	**Futur I**
ich heiße	ich habe geheißen	ich werde heißen
du heißest	du habest geheißen	du werdest heißen
er heiße	er habe geheißen	er werde heißen
wir heißen	wir haben geheißen	wir werden heißen
ihr heißet	ihr habet geheißen	ihr werdet heißen
sie heißen	sie haben geheißen	sie werden heißen

Konjunktiv II	**Plusquamperfekt**	**Futur II**
ich hieße	ich hätte geheißen	ich werde geheißen haben
du hießest	du hättest geheißen	du werdest geheißen haben
er hieße	er hätte geheißen	er werde geheißen haben
wir hießen	wir hätten geheißen	wir werden geheißen haben
ihr hießet	ihr hättet geheißen	ihr werdet geheißen haben
sie hießen	sie hätten geheißen	sie werden geheißen haben

INFINITIV

Präsens
heißen

Perfekt
geheißen haben

PARTIZIP

Partizip I
heißend

Partizip II
geheißen**

IMPERATIV

heiß(e) (du)
heißen wir
heißt (ihr)
heißen Sie

---

* *heißen* também pode ser conjugado como verbo fraco (→ nº 4) → 📖; ** O *Partizip II* é substituído pelo *Infinitiv* quando precedido por outro *Infinitiv*: *Er hat mich kommen **heißen**.*

helfen
ajudar

Verbo forte

Mudança da vogal do radical **e – a – o**
Mudança de vogal no *Präsens* (ver p. 8)

INDIKATIV

Präsens
ich helfe
du hilfst
er hilft
wir helfen
ihr helft
sie helfen

Perfekt
ich habe geholfen
du hast geholfen
er hat geholfen
wir haben geholfen
ihr habt geholfen
sie haben geholfen

Futur I
ich werde helfen
du wirst helfen
er wird helfen
wir werden helfen
ihr werdet helfen
sie werden helfen

Präteritum
ich half
du halfst
er half
wir halfen
ihr halft
sie halfen

Plusquamperfekt
ich hatte geholfen
du hattest geholfen
er hatte geholfen
wir hatten geholfen
ihr hattet geholfen
sie hatten geholfen

Futur II
ich werde geholfen haben
du wirst geholfen haben
er wird geholfen haben
wir werden geholfen haben
ihr werdet geholfen haben
sie werden geholfen haben

KONJUNKTIV

Konjunktiv I
ich helfe
du helfest
er helfe
wir helfen
ihr helfet
sie helfen

Perfekt
ich habe geholfen
du habest geholfen
er habe geholfen
wir haben geholfen
ihr habet geholfen
sie haben geholfen

Futur I
ich werde helfen
du werdest helfen
er werde helfen
wir werden helfen
ihr werdet helfen
sie werden helfen

Konjunktiv II
ich hülfe / hälfe*
du hülfest / hälfest*
er hülfe / hälfe*
wir hülfen / hälfen*
ihr hülfet / hälfet*
sie hülfen / hälfen*

Plusquamperfekt
ich hätte geholfen
du hättest geholfen
er hätte geholfen
wir hätten geholfen
ihr hättet geholfen
sie hätten geholfen

Futur II
ich werde geholfen haben
du werdest geholfen haben
er werde geholfen haben
wir werden geholfen haben
ihr werdet geholfen haben
sie werden geholfen haben

INFINITIV

Präsens
helfen

Perfekt
geholfen haben

PARTIZIP

Partizip I
helfend

Partizip II
geholfen

IMPERATIV

hilf (du)
helfen wir
helft (ihr)
helfen Sie

* raro

47

Verbo fraco

kennen
conhecer

Verbo irregular fraco (em **-ennen**) com mudança da vogal do radical **e – a – a**

INDIKATIV

Präsens
ich kenne
du kennst
er kennt
wir kennen
ihr kennt
sie kennen

Perfekt
ich habe gekannt
du hast gekannt
er hat gekannt
wir haben gekannt
ihr habt gekannt
sie haben gekannt

Futur I
ich werde kennen
du wirst kennen
er wird kennen
wir werden kennen
ihr werdet kennen
sie werden kennen

Präteritum
ich kannte / kennte*
du kanntest / kenntest*
er kannte / kennte*
wir kannten / kennten*
ihr kanntet / kenntet*
sie kannten / kennten*

Plusquamperfekt
ich hatte gekannt
du hattest gekannt
er hatte gekannt
wir hatten gekannt
ihr hattet gekannt
sie hatten gekannt

Futur II
ich werde gekannt haben
du wirst gekannt haben
er wird gekannt haben
wir werden gekannt haben
ihr werdet gekannt haben
sie werden gekannt haben

KONJUNKTIV

Konjunktiv I
ich kenne
du kennest
er kenne
wir kennen
ihr kennet
sie kennen

Perfekt
ich habe gekannt
du habest gekannt
er habe gekannt
wir haben gekannt
ihr habet gekannt
sie haben gekannt

Futur I
ich werde kennen
du werdest kennen
er werde kennen
wir werden kennen
ihr werdet kennen
sie werden kennen

Konjunktiv II
ich kennte
du kenntest
er kennte
wir kennten
ihr kenntet
sie kennten

Plusquamperfekt
ich hätte gekannt
du hättest gekannt
er hätte gekannt
wir hätten gekannt
ihr hättet gekannt
sie hätten gekannt

Futur II
ich werde gekannt haben
du werdest gekannt haben
er werde gekannt haben
wir werden gekannt haben
ihr werdet gekannt haben
sie werden gekannt haben

INFINITIV

Präsens
kennen

Perfekt
gekannt haben

PARTIZIP

Partizip I
kennend

Partizip II
gekannt

IMPERATIV

kenn(e) (du)
kennen wir
kennt (ihr)
kennen Sie

* raro

kommen
chegar

Verbo forte

Mudança da vogal do radical **o – a: – o**
Queda da consoante dupla (ver p. 25)

INDIKATIV

Präsens	Perfekt	Futur I
ich komme	ich bin gekommen	ich werde kommen
du kommst	du bist gekommen	du wirst kommen
er kommt	er ist gekommen	er wird kommen
wir kommen	wir sind gekommen	wir werden kommen
ihr kommt	ihr seid gekommen	ihr werdet kommen
sie kommen	sie sind gekommen	sie werden kommen

Präteritum	Plusquamperfekt	Futur II
ich k**a**m	ich war gekommen	ich werde gekommen sein
du k**a**mst	du warst gekommen	du wirst gekommen sein
er k**a**m	er war gekommen	er wird gekommen sein
wir k**a**men	wir waren gekommen	wir werden gekommen sein
ihr k**a**mt	ihr wart gekommen	ihr werdet gekommen sein
sie k**a**men	sie waren gekommen	sie werden gekommen sein

KONJUNKTIV

Konjunktiv I	Perfekt	Futur I
ich komme	ich sei gekommen	ich werde kommen
du kommest	du sei(e)st gekommen	du werdest kommen
er komme	er sei gekommen	er werde kommen
wir kommen	wir seien gekommen	wir werden kommen
ihr kommet	ihr sei(e)t gekommen	ihr werdet kommen
sie kommen	sie seien gekommen	sie werden kommen

Konjunktiv II	Plusquamperfekt	Futur II
ich k**ä**me	ich wäre gekommen	ich werde gekommen sein
du k**ä**m(e)st	du wär(e)st gekommen	du werdest gekommen sein
er k**ä**me	er wäre gekommen	er werde gekommen sein
wir k**ä**men	wir wären gekommen	wir werden gekommen sein
ihr k**ä**m(e)t	ihr wär(e)t gekommen	ihr werdet gekommen sein
sie k**ä**men	sie wären gekommen	sie werden gekommen sein

INFINITIV

Präsens
kommen

Perfekt
gekommen sein

PARTIZIP

Partizip I
kommend

Partizip II
gekommen

IMPERATIV

komm(e) (du)
kommen wir
kommt (ihr)
kommen Sie

49

Verbo Modal

können
poder

O *Partizip II* é substituído pelo *Infinitiv* quando precedido por outro *Infinitiv*: *Er hat lesen **können***. Em *können* como verbo independente emprega-se o *Partizip II*: *Er hat das **gekonnt***.

INDIKATIV

Präsens	Perfekt	Futur I
ich kann	ich habe gekonnt	ich werde können
du kannst	du hast gekonnt	du wirst können
er kann	er hat gekonnt	er wird können
wir können	wir haben gekonnt	wir werden können
ihr könnt	ihr habt gekonnt	ihr werdet können
sie können	sie haben gekonnt	sie werden können

Präteritum	Plusquamperfekt	Futur II
ich konnte	ich hatte gekonnt	ich werde gekonnt haben
du konntest	du hattest gekonnt	du wirst gekonnt haben
er konnte	er hatte gekonnt	er wird gekonnt haben
wir konnten	wir hatten gekonnt	wir werden gekonnt haben
ihr konntet	ihr hattet gekonnt	ihr werdet gekonnt haben
sie konnten	sie hatten gekonnt	sie werden gekonnt haben

KONJUNKTIV

Konjunktiv I	Perfekt	Futur I
ich könne	ich habe gekonnt	ich werde können
du könnest	du habest gekonnt	du werdest können
er könne	er habe gekonnt	er werde können
wir können	wir haben gekonnt	wir werden können
ihr könnet	ihr habet gekonnt	ihr werdet können
sie können	sie haben gekonnt	sie werden können

Konjunktiv II	Plusquamperfekt	Futur II
ich könnte	ich hätte gekonnt	ich werde gekonnt haben
du könntest	du hättest gekonnt	du werdest gekonnt haben
er könnte	er hätte gekonnt	er werde gekonnt haben
wir könnten	wir hätten gekonnt	wir werden gekonnt haben
ihr könntet	ihr hättet gekonnt	ihr werdet gekonnt haben
sie könnten	sie hätten gekonnt	sie werden gekonnt haben

INFINITIV · PARTIZIP · IMPERATIV

INFINITIV	PARTIZIP	IMPERATIV
Präsens	**Partizip I**	—
können	könnend	—
		—
Perfekt	**Partizip II**	—
gekonnt haben	gekonnt	

laden
carregar, convidar

Verbo forte

Mudança da vogal do radical **a:** –**u:** – **a:**
Mudança de vogal no *Präsens* (ver p. 8) / Inclusão do **-e-** (ver p. 23)

INDIKATIV

Präsens	**Perfekt**	**Futur I**
ich lade	ich habe geladen	ich werde laden
du lädst	du hast geladen	du wirst laden
er lädt	er hat geladen	er wird laden
wir laden	wir haben geladen	wir werden laden
ihr ladet	ihr habt geladen	ihr werdet laden
sie laden	sie haben geladen	sie werden laden

Präteritum	**Plusquamperfekt**	**Futur II**
ich lud	ich hatte geladen	ich werde geladen haben
du lud(e)st	du hattest geladen	du wirst geladen haben
er lud	er hatte geladen	er wird geladen haben
wir luden	wir hatten geladen	wir werden geladen haben
ihr ludet	ihr hattet geladen	ihr werdet geladen haben
sie luden	sie hatten geladen	sie werden geladen haben

KONJUNKTIV

Konjunktiv I	**Perfekt**	**Futur I**
ich lade	ich habe geladen	ich werde laden
du ladest	du habest geladen	du werdest laden
er lade	er habe geladen	er werde laden
wir laden	wir haben geladen	wir werden laden
ihr ladet	ihr habet geladen	ihr werdet laden
sie laden	sie haben geladen	sie werden laden

Konjunktiv II	**Plusquamperfekt**	**Futur II**
ich lüde	ich hätte geladen	ich werde geladen haben
du lüdest	du hättest geladen	du werdest geladen haben
er lüde	er hätte geladen	er werde geladen haben
wir lüden	wir hätten geladen	wir werden geladen haben
ihr lüdet	ihr hättet geladen	ihr werdet geladen haben
sie lüden	sie hätten geladen	sie werden geladen haben

INFINITIV

Präsens
laden

Perfekt
geladen haben

PARTIZIP

Partizip I
ladend

Partizip II
geladen

IMPERATIV

lad(e) (du)
laden wir
ladet (ihr)
laden Sie

51

lassen

Verbo forte

deixar

Mudança da vogal do radical **a – ie – a**
Mudança de vogal no *Präsens* (ver p. 8) / Exclusão do **-s-** (ver p. 24) / Queda da consoante dupla (ver p. 25)

INDIKATIV

Präsens	Perfekt	Futur I
ich lasse	ich habe gelassen**	ich werde lassen
du lässt / lässest*	du hast gelassen	du wirst lassen
er lässt	er hat gelassen	er wird lassen
wir lassen	wir haben gelassen	wir werden lassen
ihr lasst	ihr habt gelassen	ihr werdet lassen
sie lassen	sie haben gelassen	sie werden lassen

Präteritum	Plusquamperfekt	Futur II
ich ließ	ich hatte gelassen	ich werde gelassen haben
du ließest	du hattest gelassen	du wirst gelassen haben
er ließ	er hatte gelassen	er wird gelassen haben
wir ließen	wir hatten gelassen	wir werden gelassen haben
ihr ließ(e)t	ihr hattet gelassen	ihr werdet gelassen haben
sie ließen	sie hatten gelassen	sie werden gelassen haben

KONJUNKTIV

Konjunktiv I	Perfekt	Futur I
ich lasse	ich habe gelassen	ich werde lassen
du lassest	du habest gelassen	du werdest lassen
er lasse	er habe gelassen	er werde lassen
wir lassen	wir haben gelassen	wir werden lassen
ihr lasset	ihr habet gelassen	ihr werdet lassen
sie lassen	sie haben gelassen	sie werden lassen

Konjunktiv II	Plusquamperfekt	Futur II
ich ließe	ich hätte gelassen	ich werde gelassen haben
du ließest	du hättest gelassen	du werdest gelassen haben
er ließe	er hätte gelassen	er werde gelassen haben
wir ließen	wir hätten gelassen	wir werden gelassen haben
ihr ließet	ihr hättet gelassen	ihr werdet gelassen haben
sie ließen	sie hätten gelassen	sie werden gelassen haben

INFINITIV

Präsens
lassen

Perfekt
gelassen haben

PARTIZIP

Partizip I
lassend

Partizip II
gelassen**

IMPERATIV

lass(e) (du)
lassen wir
lasst (ihr)
lassen Sie

* obsoleto; ** O *Partizip II* é substituído pelo *Infinitiv* quando precedido por outro *Infinitiv*:
  Er hat liefern **lassen**.

laufen
andar

Verbo forte

Mudança da vogal do radical **au – ie – au**
Mudança de vogal no *Präsens* (ver p. 8)

INDIKATIV

Präsens
ich laufe
du läufst
er läuft
wir laufen
ihr lauft
sie laufen

Perfekt
ich bin gelaufen
du bist gelaufen
er ist gelaufen
wir sind gelaufen
ihr seid gelaufen
sie sind gelaufen

Futur I
ich werde laufen
du wirst laufen
er wird laufen
wir werden laufen
ihr werdet laufen
sie werden laufen

Präteritum
ich lief
du liefst
er lief
wir liefen
ihr lieft
sie liefen

Plusquamperfekt
ich war gelaufen
du warst gelaufen
er war gelaufen
wir waren gelaufen
ihr wart gelaufen
sie waren gelaufen

Futur II
ich werde gelaufen sein
du wirst gelaufen sein
er wird gelaufen sein
wir werden gelaufen sein
ihr werdet gelaufen sein
sie werden gelaufen sein

KONJUNKTIV

Konjunktiv I
ich laufe
du laufest
er laufe
wir laufen
ihr laufet
sie laufen

Perfekt
ich sei gelaufen
du sei(e)st gelaufen
er sei gelaufen
wir seien gelaufen
ihr sei(e)t gelaufen
sie seien gelaufen

Futur I
ich werde laufen
du werdest laufen
er werde laufen
wir werden laufen
ihr werdet laufen
sie werden laufen

Konjunktiv II
ich liefe
du liefest
er liefe
wir liefen
ihr liefet
sie liefen

Plusquamperfekt
ich wäre gelaufen
du wär(e)st gelaufen
er wäre gelaufen
wir wären gelaufen
ihr wär(e)t gelaufen
sie wären gelaufen

Futur II
ich werde gelaufen sein
du werdest gelaufen sein
er werde gelaufen sein
wir werden gelaufen sein
ihr werdet gelaufen sein
sie werden gelaufen sein

INFINITIV

Präsens
laufen

Perfekt
gelaufen sein/haben*

PARTIZIP

Partizip I
laufend

Partizip II
gelaufen

IMPERATIV

lauf(e) (du)
laufen wir
lauft (ihr)
laufen Sie

* emprego de *haben* nos tempos compostos

53 leiden

Verbo forte

leiden
sofrer, tolerar

Verbo irregular com mudança da vogal do radical **ei – i – i**
Inclusão do **-e-** (ver p. 23) / Duplicação da consoante (ver p. 25) com mudança de consoante

INDIKATIV

Präsens
ich leide
du leidest
er leidet
wir leiden
ihr leidet
sie leiden

Perfekt
ich habe gelitten
du hast gelitten
er hat gelitten
wir haben gelitten
ihr habt gelitten
sie haben gelitten

Futur I
ich werde leiden
du wirst leiden
er wird leiden
wir werden leiden
ihr werdet leiden
sie werden leiden

Präteritum
ich litt
du litt(e)st
er litt
wir litten
ihr littet
sie litten

Plusquamperfekt
ich hatte gelitten
du hattest gelitten
er hatte gelitten
wir hatten gelitten
ihr hattet gelitten
sie hatten gelitten

Futur II
ich werde gelitten haben
du wirst gelitten haben
er wird gelitten haben
wir werden gelitten haben
ihr werdet gelitten haben
sie werden gelitten haben

KONJUNKTIV

Konjunktiv I
ich leide
du leidest
er leide
wir leiden
ihr leidet
sie leiden

Perfekt
ich habe gelitten
du habest gelitten
er habe gelitten
wir haben gelitten
ihr habet gelitten
sie haben gelitten

Futur I
ich werde leiden
du werdest leiden
er werde leiden
wir werden leiden
ihr werdet leiden
sie werden leiden

Konjunktiv II
ich litte
du littest
er litte
wir litten
ihr littet
sie litten

Plusquamperfekt
ich hätte gelitten
du hättest gelitten
er hätte gelitten
wir hätten gelitten
ihr hättet gelitten
sie hätten gelitten

Futur II
ich werde gelitten haben
du werdest gelitten haben
er werde gelitten haben
wir werden gelitten haben
ihr werdet gelitten haben
sie werden gelitten haben

INFINITIV

Präsens
leiden

Perfekt
gelitten haben

PARTIZIP

Partizip I
leidend

Partizip II
gelitten

IMPERATIV

leide (du)
leiden wir
leidet (ihr)
leiden Sie

leihen
emprestar

Verbo forte

Mudança da vogal do radical **ei – ie – ie**

INDIKATIV

Präsens
ich leihe
du leihst
er leiht
wir leihen
ihr leiht
sie leihen

Perfekt
ich habe geliehen
du hast geliehen
er hat geliehen
wir haben geliehen
ihr habt geliehen
sie haben geliehen

Futur I
ich werde leihen
du wirst leihen
er wird leihen
wir werden leihen
ihr werdet leihen
sie werden leihen

Präteritum
ich lieh
du liehst
er lieh
wir liehen
ihr lieht
sie liehen

Plusquamperfekt
ich hatte geliehen
du hattest geliehen
er hatte geliehen
wir hatten geliehen
ihr hattet geliehen
sie hatten geliehen

Futur II
ich werde geliehen haben
du wirst geliehen haben
er wird geliehen haben
wir werden geliehen haben
ihr werdet geliehen haben
sie werden geliehen haben

KONJUNKTIV

Konjunktiv I
ich leihe
du leihest
er leihe
wir leihen
ihr leihet
sie leihen

Perfekt
ich habe geliehen
du habest geliehen
er habe geliehen
wir haben geliehen
ihr habet geliehen
sie haben geliehen

Futur I
ich werde leihen
du werdest leihen
er werde leihen
wir werden leihen
ihr werdet leihen
sie werden leihen

Konjunktiv II
ich liehe
du liehest
er liehe
wir liehen
ihr liehet
sie liehen

Plusquamperfekt
ich hätte geliehen
du hättest geliehen
er hätte geliehen
wir hätten geliehen
ihr hättet geliehen
sie hätten geliehen

Futur II
ich werde geliehen haben
du werdest geliehen haben
er werde geliehen haben
wir werden geliehen haben
ihr werdet geliehen haben
sie werden geliehen haben

INFINITIV

Präsens
leihen

Perfekt
geliehen haben

PARTIZIP

Partizip I
leihend

Partizip II
geliehen

IMPERATIV

leih(e) (du)
leihen wir
leiht (ihr)
leihen Sie

lesen
ler

Verbo forte

Mudança da vogal do radical **eː – aː – eː**
Mudança de vogal no *Präsens* (ver p. 8) / Exclusão do **-s-** / Inclusão do **-e-** (ver p. 24)

INDIKATIV

Präsens
ich lese
du liest
er liest
wir lesen
ihr lest
sie lesen

Perfekt
ich habe gelesen
du hast gelesen
er hat gelesen
wir haben gelesen
ihr habt gelesen
sie haben gelesen

Futur I
ich werde lesen
du wirst lesen
er wird lesen
wir werden lesen
ihr werdet lesen
sie werden lesen

Präteritum
ich las
du lasest
er las
wir lasen
ihr las(e)t
sie lasen

Plusquamperfekt
ich hatte gelesen
du hattest gelesen
er hatte gelesen
wir hatten gelesen
ihr hattet gelesen
sie hatten gelesen

Futur II
ich werde gelesen haben
du wirst gelesen haben
er wird gelesen haben
wir werden gelesen haben
ihr werdet gelesen haben
sie werden gelesen haben

KONJUNKTIV

Konjunktiv I
ich lese
du lesest
er lese
wir lesen
ihr leset
sie lesen

Perfekt
ich habe gelesen
du habest gelesen
er habe gelesen
wir haben gelesen
ihr habet gelesen
sie haben gelesen

Futur I
ich werde lesen
du werdest lesen
er werde lesen
wir werden lesen
ihr werdet lesen
sie werden lesen

Konjunktiv II
ich läse
du läsest
er läse
wir läsen
ihr läset
sie läsen

Plusquamperfekt
ich hätte gelesen
du hättest gelesen
er hätte gelesen
wir hätten gelesen
ihr hättet gelesen
sie hätten gelesen

Futur II
ich werde gelesen haben
du werdest gelesen haben
er werde gelesen haben
wir werden gelesen haben
ihr werdet gelesen haben
sie werden gelesen haben

INFINITIV

Präsens
lesen

Perfekt
gelesen haben

PARTIZIP

Partizip I
lesend

Partizip II
gelesen

IMPERATIV

lies (du)
lesen wir
lest (ihr)
lesen Sie

liegen
estar deitado, jazer

Verbo forte

Mudança da vogal do radical **ie – a: – e:**

INDIKATIV

Präsens
ich liege
du liegst
er liegt
wir liegen
ihr liegt
sie liegen

Perfekt*
ich habe gelegen
du hast gelegen
er hat gelegen
wir haben gelegen
ihr habt gelegen
sie haben gelegen

Futur I
ich werde liegen
du wirst liegen
er wird liegen
wir werden liegen
ihr werdet liegen
sie werden liegen

Präteritum
ich lag
du lagst
er lag
wir lagen
ihr lagt
sie lagen

Plusquamperfekt
ich hatte gelegen
du hattest gelegen
er hatte gelegen
wir hatten gelegen
ihr hattet gelegen
sie hatten gelegen

Futur II
ich werde gelegen haben
du wirst gelegen haben
er wird gelegen haben
wir werden gelegen haben
ihr werdet gelegen haben
sie werden gelegen haben

KONJUNKTIV

Konjunktiv I
ich liege
du liegest
er liege
wir liegen
ihr lieget
sie liegen

Perfekt
ich habe gelegen
du habest gelegen
er habe gelegen
wir haben gelegen
ihr habet gelegen
sie haben gelegen

Futur I
ich werde liegen
du werdest liegen
er werde liegen
wir werden liegen
ihr werdet liegen
sie werden liegen

Konjunktiv II
ich läge
du lägest
er läge
wir lägen
ihr läget
sie lägen

Plusquamperfekt
ich hätte gelegen
du hättest gelegen
er hätte gelegen
wir hätten gelegen
ihr hättet gelegen
sie hätten gelegen

Futur II
ich werde gelegen haben
du werdest gelegen haben
er werde gelegen haben
wir werden gelegen haben
ihr werdet gelegen haben
sie werden gelegen haben

INFINITIV

Präsens
liegen

Perfekt
gelegen haben/sein*

PARTIZIP

Partizip I
liegend

Partizip II
gelegen

IMPERATIV

lieg(e) (du)
liegen wir
liegt (ihr)
liegen Sie

* no sul da Alemanha é conjugado com *sein*

57 lügen

Verbo forte

lügen
mentir

Mudança da vogal do radical **ü – o: – o:**

INDIKATIV

Präsens
ich lüge
du lügst
er lügt
wir lügen
ihr lügt
sie lügen

Perfekt
ich habe gelogen
du hast gelogen
er hat gelogen
wir haben gelogen
ihr habt gelogen
sie haben gelogen

Futur I
ich werde lügen
du wirst lügen
er wird lügen
wir werden lügen
ihr werdet lügen
sie werden lügen

Präteritum
ich log
du logst
er log
wir logen
ihr logt
sie logen

Plusquamperfekt
ich hatte gelogen
du hattest gelogen
er hatte gelogen
wir hatten gelogen
ihr hattet gelogen
sie hatten gelogen

Futur II
ich werde gelogen haben
du wirst gelogen haben
er wird gelogen haben
wir werden gelogen haben
ihr werdet gelogen haben
sie werden gelogen haben

KONJUNKTIV

Konjunktiv I
ich lüge
du lügest
er lüge
wir lügen
ihr lüget
sie lügen

Perfekt
ich habe gelogen
du habest gelogen
er habe gelogen
wir haben gelogen
ihr habet gelogen
sie haben gelogen

Futur I
ich werde lügen
du werdest lügen
er werde lügen
wir werden lügen
ihr werdet lügen
sie werden lügen

Konjunktiv II
ich löge
du lögest
er löge
wir lögen
ihr löget
sie lögen

Plusquamperfekt
ich hätte gelogen
du hättest gelogen
er hätte gelogen
wir hätten gelogen
ihr hättet gelogen
sie hätten gelogen

Futur II
ich werde gelogen haben
du werdest gelogen haben
er werde gelogen haben
wir werden gelogen haben
ihr werdet gelogen haben
sie werden gelogen haben

INFINITIV

Präsens
lügen

Perfekt
gelogen haben

PARTIZIP

Partizip I
lügend

Partizip II
gelogen

IMPERATIV

lüg(e) (du)
lügen wir
lügt (ihr)
lügen Sie

messen
medir

Verbo forte

Mudança da vogal do radical **e – a: – e**
Mudança de vogal no *Präsens* (ver p. 8) / Exclusão do **-s-** (ver p. 24) / Queda da consoante dupla (ver p. 24) / Inclusão do **-e-** (ver p. 24)

INDIKATIV

Präsens
ich messe
du misst
er misst
wir messen
ihr messt
sie messen

Perfekt
ich habe gemessen
du hast gemessen
er hat gemessen
wir haben gemessen
ihr habt gemessen
sie haben gemessen

Futur I
ich werde messen
du wirst messen
er wird messen
wir werden messen
ihr werdet messen
sie werden messen

Präteritum
ich maß
du maßest
er maß
wir maßen
ihr maß(e)t
sie maßen

Plusquamperfekt
ich hatte gemessen
du hattest gemessen
er hatte gemessen
wir hatten gemessen
ihr hattet gemessen
sie hatten gemessen

Futur II
ich werde gemessen haben
du wirst gemessen haben
er wird gemessen haben
wir werden gemessen haben
ihr werdet gemessen haben
sie werden gemessen haben

KONJUNKTIV

Konjunktiv I
ich messe
du messest
er messe
wir messen
ihr messet
sie messen

Perfekt
ich habe gemessen
du habest gemessen
er habe gemessen
wir haben gemessen
ihr habet gemessen
sie haben gemessen

Futur I
ich werde messen
du werdest messen
er werde messen
wir werden messen
ihr werdet messen
sie werden messen

Konjunktiv II
ich mäße
du mäßest
er mäße
wir mäßen
ihr mäßet
sie mäßen

Plusquamperfekt
ich hätte gemessen
du hättest gemessen
er hätte gemessen
wir hätten gemessen
ihr hättet gemessen
sie hätten gemessen

Futur II
ich werde gemessen haben
du werdest gemessen haben
er werde gemessen haben
wir werden gemessen haben
ihr werdet gemessen haben
sie werden gemessen haben

INFINITIV

Präsens
messen

Perfekt
gemessen haben

PARTIZIP

Partizip I
messend

Partizip II
gemessen

IMPERATIV

miss (du)
messen wir
messt (ihr)
messen Sie

mögen
Verbo Modal

querer

O *Partizip II* é substituído pelo *Infinitiv* quando precedido por outro *Infinitiv*: *Er hat lesen **mögen***. Para *mögen* como verbo independente emprega-se o *Partizip II*: *Er hat das **gemocht***.

INDIKATIV

Präsens
ich mag
du magst
er mag
wir mögen
ihr mögt
sie mögen

Perfekt
ich habe gemocht
du hast gemocht
er hat gemocht
wir haben gemocht
ihr habt gemocht
sie haben gemocht

Futur I
ich werde mögen
du wirst mögen
er wird mögen
wir werden mögen
ihr werdet mögen
sie werden mögen

Präteritum
ich mochte
du mochtest
er mochte
wir mochten
ihr mochtet
sie mochten

Plusquamperfekt
ich hatte gemocht
du hattest gemocht
er hatte gemocht
wir hatten gemocht
ihr hattet gemocht
sie hatten gemocht

Futur II
ich werde gemocht haben
du wirst gemocht haben
er wird gemocht haben
wir werden gemocht haben
ihr werdet gemocht haben
sie werden gemocht haben

KONJUNKTIV

Konjunktiv I
ich möge
du mögest
er möge
wir mögen
ihr möget
sie mögen

Perfekt
ich habe gemocht
du habest gemocht
er habe gemocht
wir haben gemocht
ihr habet gemocht
sie haben gemocht

Futur I
ich werde mögen
du werdest mögen
er werde mögen
wir werden mögen
ihr werdet mögen
sie werden mögen

Konjunktiv II
ich möchte
du möchtest
er möchte
wir möchten
ihr möchtet
sie möchten

Plusquamperfekt
ich hätte gemocht
du hättest gemocht
er hätte gemocht
wir hätten gemocht
ihr hättet gemocht
sie hätten gemocht

Futur II
ich werde gemocht haben
du werdest gemocht haben
er werde gemocht haben
wir werden gemocht haben
ihr werdet gemocht haben
sie werden gemocht haben

INFINITIV

Präsens
mögen

Perfekt
gemocht haben

PARTIZIP

Partizip I
mögend

Partizip II
gemocht

IMPERATIV*

mögest (du) + *Infinitiv*
mögen wir + *Infinitiv*
mög(e)t (ihr) + *Infinitiv*
mögen (Sie) + *Infinitiv*

* linguagem literária

müssen
precisar

Verbo Modal

O *Partizip II* é substituído pelo *Infinitiv* quando precedido por outro *Infinitiv*: *Er hat schreiben **müssen***.
Para *müssen* como verbo independente emprega-se o *Partizip II*: *Er hat das **gemusst***.

INDIKATIV

Präsens
ich muss
du musst
er muss
wir müssen
ihr müsst
sie müssen

Perfekt
ich habe gemusst
du hast gemusst
er hat gemusst
wir haben gemusst
ihr habt gemusst
sie haben gemusst

Futur I
ich werde müssen
du wirst müssen
er wird müssen
wir werden müssen
ihr werdet müssen
sie werden müssen

Präteritum
ich musste
du musstest
er musste
wir mussten
ihr musstet
sie mussten

Plusquamperfekt
ich hatte gemusst
du hattest gemusst
er hatte gemusst
wir hatten gemusst
ihr hattet gemusst
sie hatten gemusst

Futur II
ich werde gemusst haben
du wirst gemusst haben
er wird gemusst haben
wir werden gemusst haben
ihr werdet gemusst haben
sie werden gemusst haben

KONJUNKTIV

Konjunktiv I
ich müsse
du müssest
er müsse
wir müssen
ihr müsset
sie müssen

Perfekt
ich habe gemusst
du habest gemusst
er habe gemusst
wir haben gemusst
ihr habet gemusst
sie haben gemusst

Futur I
ich werde müssen
du werdest müssen
er werde müssen
wir werden müssen
ihr werdet müssen
sie werden müssen

Konjunktiv II
ich müsste
du müsstest
er müsste
wir müssten
ihr müsstet
sie müssten

Plusquamperfekt
ich hätte gemusst
du hättest gemusst
er hätte gemusst
wir hätten gemusst
ihr hättet gemusst
sie hätten gemusst

Futur II
ich werde gemusst haben
du werdest gemusst haben
er werde gemusst haben
wir werden gemusst haben
ihr werdet gemusst haben
sie werden gemusst haben

INFINITIV

Präsens
müssen

Perfekt
gemusst haben

PARTIZIP

Partizip I
müssend

Partizip II
gemusst

IMPERATIV
—
—
—
—

61

Verbo forte

nehmen
pegar

Verbo irregular com mudança da vogal do radical **e: – a: – o**
Mudança de vogal no *Präsens* com duplicação de consoante (ver p. 8)

INDIKATIV

Präsens
ich nehme
du nimmst
er nimmt
wir nehmen
ihr nehmt
sie nehmen

Perfekt
ich habe genommen
du hast genommen
er hat genommen
wir haben genommen
ihr habt genommen
sie haben genommen

Futur I
ich werde nehmen
du wirst nehmen
er wird nehmen
wir werden nehmen
ihr werdet nehmen
sie werden nehmen

Präteritum
ich nahm
du nahmst
er nahm
wir nahmen
ihr nahmt
sie nahmen

Plusquamperfekt
ich hatte genommen
du hattest genommen
er hatte genommen
wir hatten genommen
ihr hattet genommen
sie hatten genommen

Futur II
ich werde genommen haben
du wirst genommen haben
er wird genommen haben
wir werden genommen haben
ihr werdet genommen haben
sie werden genommen haben

KONJUNKTIV

Konjunktiv I
ich nehme
du nehmest
er nehme
wir nehmen
ihr nehmet
sie nehmen

Perfekt
ich habe genommen
du habest genommen
er habe genommen
wir haben genommen
ihr habet genommen
sie haben genommen

Futur I
ich werde nehmen
du werdest nehmen
er werde nehmen
wir werden nehmen
ihr werdet nehmen
sie werden nehmen

Konjunktiv II
ich nähme
du nähm(e)st
er nähme
wir nähmen
ihr nähm(e)t
sie nähmen

Plusquamperfekt
ich hätte genommen
du hättest genommen
er hätte genommen
wir hätten genommen
ihr hättet genommen
sie hätten genommen

Futur II
ich werde genommen haben
du werdest genommen haben
er werde genommen haben
wir werden genommen haben
ihr werdet genommen haben
sie werden genommen haben

INFINITIV

Präsens
nehmen

Perfekt
genommen haben

PARTIZIP

Partizip I
nehmend

Partizip II
genommen

IMPERATIV

nimm (du)
nehmen wir
nehmt (ihr)
nehmen Sie

preisen
elogiar

Verbo forte

Mudança da vogal do radical **ei – ie – ie**
Exclusão do **-s-** (ver p. 24) / Inclusão do **-e-** (ver p. 24)

INDIKATIV

Präsens
ich preise
du preist
er preist
wir preisen
ihr preist
sie preisen

Perfekt
ich habe gepriesen
du hast gepriesen
er hat gepriesen
wir haben gepriesen
ihr habt gepriesen
sie haben gepriesen

Futur I
ich werde preisen
du wirst preisen
er wird preisen
wir werden preisen
ihr werdet preisen
sie werden preisen

Präteritum
ich pries
du priesest
er pries
wir priesen
ihr pries(e)t
sie priesen

Plusquamperfekt
ich hatte gepriesen
du hattest gepriesen
er hatte gepriesen
wir hatten gepriesen
ihr hattet gepriesen
sie hatten gepriesen

Futur II
ich werde gepriesen haben
du wirst gepriesen haben
er wird gepriesen haben
wir werden gepriesen haben
ihr werdet gepriesen haben
sie werden gepriesen haben

KONJUNKTIV

Konjunktiv I
ich preise
du preisest
er preise
wir preisen
ihr preiset
sie preisen

Perfekt
ich habe gepriesen
du habest gepriesen
er habe gepriesen
wir haben gepriesen
ihr habet gepriesen
sie haben gepriesen

Futur I
ich werde preisen
du werdest preisen
er werde preisen
wir werden preisen
ihr werdet preisen
sie werden preisen

Konjunktiv II
ich priese
du priesest
er priese
wir priesen
ihr prieset
sie priesen

Plusquamperfekt
ich hätte gepriesen
du hättest gepriesen
er hätte gepriesen
wir hätten gepriesen
ihr hättet gepriesen
sie hätten gepriesen

Futur II
ich werde gepriesen haben
du werdest gepriesen haben
er werde gepriesen haben
wir werden gepriesen haben
ihr werdet gepriesen haben
sie werden gepriesen haben

INFINITIV

Präsens
preisen

Perfekt
gepriesen haben

PARTIZIP

Partizip I
preisend

Partizip II
gepriesen

IMPERATIV

preis(e) (du)
preisen wir
preist (ihr)
preisen Sie

63 raten

Verbo forte

raten
aconselhar, adivinhar

Mudança da vogal do radical **a: – ie – a:**
Mudança de vogal no *Präsens* (ver p. 8) / Inclusão do **-e-** (ver p. 23)

INDIKATIV

Präsens	**Perfekt**	**Futur I**
ich rate	ich habe geraten	ich werde raten
du rätst	du hast geraten	du wirst raten
er rät	er hat geraten	er wird raten
wir raten	wir haben geraten	wir werden raten
ihr ratet	ihr habt geraten	ihr werdet raten
sie raten	sie haben geraten	sie werden raten

Präteritum	**Plusquamperfekt**	**Futur II**
ich riet	ich hatte geraten	ich werde geraten haben
du riet(e)st	du hattest geraten	du wirst geraten haben
er riet	er hatte geraten	er wird geraten haben
wir rieten	wir hatten geraten	wir werden geraten haben
ihr rietet	ihr hattet geraten	ihr werdet geraten haben
sie rieten	sie hatten geraten	sie werden geraten haben

KONJUNKTIV

Konjunktiv I	**Perfekt**	**Futur I**
ich rate	ich habe geraten	ich werde raten
du ratest	du habest geraten	du werdest raten
er rate	er habe geraten	er werde raten
wir raten	wir haben geraten	wir werden raten
ihr ratet	ihr habet geraten	ihr werdet raten
sie raten	sie haben geraten	sie werden raten

Konjunktiv II	**Plusquamperfekt**	**Futur II**
ich riete	ich hätte geraten	ich werde geraten haben
du rietest	du hättest geraten	du werdest geraten haben
er riete	er hätte geraten	er werde geraten haben
wir rieten	wir hätten geraten	wir werden geraten haben
ihr rietet	ihr hättet geraten	ihr werdet geraten haben
sie rieten	sie hätten geraten	sie werden geraten haben

INFINITIV

Präsens
raten

Perfekt
geraten haben

PARTIZIP

Partizip I
ratend

Partizip II
geraten

IMPERATIV

rat(e) (du)
raten wir
ratet (ihr)
raten Sie

riechen

cheirar

Verbo forte

Mudança da vogal no radical **ie – o – o**

INDIKATIV

Präsens
ich rieche
du riechst
er riecht
wir riechen
ihr riecht
sie riechen

Perfekt
ich habe gerochen
du hast gerochen
er hat gerochen
wir haben gerochen
ihr habt gerochen
sie haben gerochen

Futur I
ich werde riechen
du wirst riechen
er wird riechen
wir werden riechen
ihr werdet riechen
sie werden riechen

Präteritum
ich roch
du rochst
er roch
wir rochen
ihr roch(e)t
sie rochen

Plusquamperfekt
ich hatte gerochen
du hattest gerochen
er hatte gerochen
wir hatten gerochen
ihr hattet gerochen
sie hatten gerochen

Futur II
ich werde gerochen haben
du wirst gerochen haben
er wird gerochen haben
wir werden gerochen haben
ihr werdet gerochen haben
sie werden gerochen haben

KONJUNKTIV

Konjunktiv I
ich rieche
du riechest
er rieche
wir riechen
ihr riechet
sie riechen

Perfekt
ich habe gerochen
du habest gerochen
er habe gerochen
wir haben gerochen
ihr habet gerochen
sie haben gerochen

Futur I
ich werde riechen
du werdest riechen
er werde riechen
wir werden riechen
ihr werdet riechen
sie werden riechen

Konjunktiv II
ich röche
du röchest
er röche
wir röchen
ihr röchet
sie röchen

Plusquamperfekt
ich hätte gerochen
du hättest gerochen
er hätte gerochen
wir hätten gerochen
ihr hättet gerochen
sie hätten gerochen

Futur II
ich werde gerochen haben
du werdest gerochen haben
er werde gerochen haben
wir werden gerochen haben
ihr werdet gerochen haben
sie werden gerochen haben

INFINITIV

Präsens
riechen

Perfekt
gerochen haben

PARTIZIP

Partizip I
riechend

Partizip II
gerochen

IMPERATIV

riech(e) (du)
riechen wir
riecht (ihr)
riechen Sie

65

Verbo forte

rufen
chamar

Mudança da vogal do radical **uː – ie – uː**

INDIKATIV

Präsens
ich rufe
du rufst
er ruft
wir rufen
ihr ruft
sie rufen

Perfekt
ich habe gerufen
du hast gerufen
er hat gerufen
wir haben gerufen
ihr habt gerufen
sie haben gerufen

Futur I
ich werde rufen
du wirst rufen
er wird rufen
wir werden rufen
ihr werdet rufen
sie werden rufen

Präteritum
ich rief
du riefst
er rief
wir riefen
ihr rieft
sie riefen

Plusquamperfekt
ich hatte gerufen
du hattest gerufen
er hatte gerufen
wir hatten gerufen
ihr hattet gerufen
sie hatten gerufen

Futur II
ich werde gerufen haben
du wirst gerufen haben
er wird gerufen haben
wir werden gerufen haben
ihr werdet gerufen haben
sie werden gerufen haben

KONJUNKTIV

Konjunktiv I
ich rufe
du rufest
er rufe
wir rufen
ihr rufet
sie rufen

Perfekt
ich habe gerufen
du habest gerufen
er habe gerufen
wir haben gerufen
ihr habet gerufen
sie haben gerufen

Futur I
ich werde rufen
du werdest rufen
er werde rufen
wir werden rufen
ihr werdet rufen
sie werden rufen

Konjunktiv II
ich riefe
du riefest
er riefe
wir riefen
ihr riefet
sie riefen

Plusquamperfekt
ich hätte gerufen
du hättest gerufen
er hätte gerufen
wir hätten gerufen
ihr hättet gerufen
sie hätten gerufen

Futur II
ich werde gerufen haben
du werdest gerufen haben
er werde gerufen haben
wir werden gerufen haben
ihr werdet gerufen haben
sie werden gerufen haben

INFINITIV

Präsens
rufen

Perfekt
gerufen haben

PARTIZIP

Partizip I
rufend

Partizip II
gerufen

IMPERATIV

ruf(e) (du)
rufen wir
ruft (ihr)
rufen Sie

saufen
beber muito

Verbo forte

Mudança da vogal do radical **au – o – o**
Mudança de vogal no *Präsens* (ver p. 8) / Duplicação de consoante (ver p. 25)

INDIKATIV

Präsens
ich saufe
du säufst
er säuft
wir saufen
ihr sauft
sie saufen

Perfekt
ich habe gesoffen
du hast gesoffen
er hat gesoffen
wir haben gesoffen
ihr habt gesoffen
sie haben gesoffen

Futur I
ich werde saufen
du wirst saufen
er wird saufen
wir werden saufen
ihr werdet saufen
sie werden saufen

Präteritum
ich soff
du soffst
er soff
wir soffen
ihr sofft
sie soffen

Plusquamperfekt
ich hatte gesoffen
du hattest gesoffen
er hatte gesoffen
wir hatten gesoffen
ihr hattet gesoffen
sie hatten gesoffen

Futur II
ich werde gesoffen haben
du wirst gesoffen haben
er wird gesoffen haben
wir werden gesoffen haben
ihr werdet gesoffen haben
sie werden gesoffen haben

KONJUNKTIV

Konjunktiv I
ich saufe
du saufest
er saufe
wir saufen
ihr saufet
sie saufen

Perfekt
ich habe gesoffen
du habest gesoffen
er habe gesoffen
wir haben gesoffen
ihr habet gesoffen
sie haben gesoffen

Futur I
ich werde saufen
du werdest saufen
er werde saufen
wir werden saufen
ihr werdet saufen
sie werden saufen

Konjunktiv II
ich söffe
du söffest
er söffe
wir söffen
ihr söffet
sie söffen

Plusquamperfekt
ich hätte gesoffen
du hättest gesoffen
er hätte gesoffen
wir hätten gesoffen
ihr hättet gesoffen
sie hätten gesoffen

Futur II
ich werde gesoffen haben
du werdest gesoffen haben
er werde gesoffen haben
wir werden gesoffen haben
ihr werdet gesoffen haben
sie werden gesoffen haben

INFINITIV

Präsens
saufen

Perfekt
gesoffen haben

PARTIZIP

Partizip I
saufend

Partizip II
gesoffen

IMPERATIV

sauf(e) (du)
saufen wir
sauft (ihr)
saufen Sie

67 Verbo forte

saugen
chupar

Mudança da vogal do radical **au – o: – o:**

INDIKATIV

Präsens	Perfekt	Futur I
ich sauge	ich habe gesogen	ich werde saugen
du saugst	du hast gesogen	du wirst saugen
er saugt	er hat gesogen	er wird saugen
wir saugen	wir haben gesogen	wir werden saugen
ihr saugt	ihr habt gesogen	ihr werdet saugen
sie saugen	sie haben gesogen	sie werden saugen

Präteritum	Plusquamperfekt	Futur II
ich sog / saugte*	ich hatte gesogen	ich werde gesogen haben
du sogst / saugtest*	du hattest gesogen	du wirst gesogen haben
er sog / saugte*	er hatte gesogen	er wird gesogen haben
wir sogen / saugten*	wir hatten gesogen	wir werden gesogen haben
ihr sogt / saugtet*	ihr hattet gesogen	ihr werdet gesogen haben
sie sogen / saugten*	sie hatten gesogen	sie werden gesogen haben

KONJUNKTIV

Konjunktiv I	Perfekt	Futur I
ich sauge	ich habe gesogen	ich werde saugen
du saugest	du habest gesogen	du werdest saugen
er sauge	er habe gesogen	er werde saugen
wir saugen	wir haben gesogen	wir werden saugen
ihr sauget	ihr habet gesogen	ihr werdet saugen
sie saugen	sie haben gesogen	sie werden saugen

Konjunktiv II	Plusquamperfekt	Futur II
ich söge	ich hätte gesogen	ich werde gesogen haben
du sögest	du hättest gesogen	du werdest gesogen haben
er söge	er hätte gesogen	er werde gesogen haben
wir sögen	wir hätten gesogen	wir werden gesogen haben
ihr söget	ihr hättet gesogen	ihr werdet gesogen haben
sie sögen	sie hätten gesogen	sie werden gesogen haben

INFINITIV

Präsens
saugen

Perfekt
gesogen haben

PARTIZIP

Partizip I
saugend

Partizip II
gesogen / gesaugt*

IMPERATIV

saug(e) (du)
saugen wir
saugt (ihr)
saugen Sie

* no sentido técnico, só há a forma fraca, nos outros casos é facultativo

schlafen
dormir

Verbo forte

Mudança da vogal do radical **a:** – **ie** – **a:**
Mudança de vogal no *Präsens* (ver p. 8)

INDIKATIV

Präsens
ich schlafe
du schläfst
er schläft
wir schlafen
ihr schlaft
sie schlafen

Perfekt
ich habe geschlafen
du hast geschlafen
er hat geschlafen
wir haben geschlafen
ihr habt geschlafen
sie haben geschlafen

Futur I
ich werde schlafen
du wirst schlafen
er wird schlafen
wir werden schlafen
ihr werdet schlafen
sie werden schlafen

Präteritum
ich schlief
du schliefst
er schlief
wir schliefen
ihr schlieft
sie schliefen

Plusquamperfekt
ich hatte geschlafen
du hattest geschlafen
er hatte geschlafen
wir hatten geschlafen
ihr hattet geschlafen
sie hatten geschlafen

Futur II
ich werde geschlafen haben
du wirst geschlafen haben
er wird geschlafen haben
wir werden geschlafen haben
ihr werdet geschlafen haben
sie werden geschlafen haben

KONJUNKTIV

Konjunktiv I
ich schlafe
du schlafest
er schlafe
wir schlafen
ihr schlafet
sie schlafen

Perfekt
ich habe geschlafen
du habest geschlafen
er habe geschlafen
wir haben geschlafen
ihr habet geschlafen
sie haben geschlafen

Futur I
ich werde schlafen
du werdest schlafen
er werde schlafen
wir werden schlafen
ihr werdet schlafen
sie werden schlafen

Konjunktiv II
ich schliefe
du schliefest
er schliefe
wir schliefen
ihr schliefet
sie schliefen

Plusquamperfekt
ich hätte geschlafen
du hättest geschlafen
er hätte geschlafen
wir hätten geschlafen
ihr hättet geschlafen
sie hätten geschlafen

Futur II
ich werde geschlafen haben
du werdest geschlafen haben
er werde geschlafen haben
wir werden geschlafen haben
ihr werdet geschlafen haben
sie werden geschlafen haben

INFINITIV

Präsens
schlafen

Perfekt
geschlafen haben

PARTIZIP

Partizip I
schlafend

Partizip II
geschlafen

IMPERATIV

schlaf(e) (du)
schlafen wir
schlaft (ihr)
schlafen Sie

schmelzen
derreter*

Verbo forte

Mudança da vogal do radical **e – o – o**
Mudança de vogal no *Präsens* (ver p. 8) / Exclusão do **-s-** (ver p. 24) / Inclusão do **-e-** (ver p. 24)

INDIKATIV

Präsens
ich schmelze
du schmilzt
er schmilzt
wir schmelzen
ihr schmelzt
sie schmelzen

Perfekt
ich bin geschmolzen
du bist geschmolzen
er ist geschmolzen
wir sind geschmolzen
ihr seid geschmolzen
sie sind geschmolzen

Futur I
ich werde schmelzen
du wirst schmelzen
er wird schmelzen
wir werden schmelzen
ihr werdet schmelzen
sie werden schmelzen

Präteritum
ich schmolz
du schmolzest
er schmolz
wir schmolzen
ihr schmolz(e)t
sie schmolzen

Plusquamperfekt
ich war geschmolzen
du warst geschmolzen
er war geschmolzen
wir waren geschmolzen
ihr wart geschmolzen
sie waren geschmolzen

Futur II
ich werde geschmolzen sein
du wirst geschmolzen sein
er wird geschmolzen sein
wir werden geschmolzen sein
ihr werdet geschmolzen sein
sie werden geschmolzen sein

KONJUNKTIV

Konjunktiv I
ich schmelze
du schmelzest
er schmelze
wir schmelzen
ihr schmelzet
sie schmelzen

Perfekt
ich sei geschmolzen
du sei(e)st geschmolzen
er sei geschmolzen
wir seien geschmolzen
ihr sei(e)t geschmolzen
sie seien geschmolzen

Futur I
ich werde schmelzen
du werdest schmelzen
er werde schmelzen
wir werden schmelzen
ihr werdet schmelzen
sie werden schmelzen

Konjunktiv II
ich schmölze
du schmölzest
er schmölze
wir schmölzen
ihr schmölzet
sie schmölzen

Plusquamperfekt
ich wäre geschmolzen
du wär(e)st geschmolzen
er wäre geschmolzen
wir wären geschmolzen
ihr wär(e)t geschmolzen
sie wären geschmolzen

Futur II
ich werde geschmolzen sein
du werdest geschmolzen sein
er werde geschmolzen sein
wir werden geschmolzen sein
ihr werdet geschmolzen sein
sie werden geschmolzen sein

INFINITIV

Präsens
schmelzen

Perfekt
geschmolzen sein / haben**

PARTIZIP

Partizip I
schmelzend

Partizip II
geschmolzen

IMPERATIV

schmilz (du)
schmelzen wir
schmelzt (ihr)
schmelzen Sie

* em linguagem técnica *schmelzen* é conjugado como verbo fraco (→ nº 4) e com *haben*, *Partizip II* ge-schmelzt / geschmolzen; ** para o emprego de *haben* → 📖

schreien
gritar

Verbo forte

Mudança da vogal do radical **ei – ie – ie**

INDIKATIV

Präsens
ich schreie
du schreist
er schreit
wir schreien
ihr schreit
sie schreien

Perfekt
ich habe geschrien
du hast geschrien
er hat geschrien
wir haben geschrien
ihr habt geschrien
sie haben geschrien

Futur I
ich werde schreien
du wirst schreien
er wird schreien
wir werden schreien
ihr werdet schreien
sie werden schreien

Präteritum
ich schrie
du schriest
er schrie
wir schrien
ihr schriet
sie schrien

Plusquamperfekt
ich hatte geschrien
du hattest geschrien
er hatte geschrien
wir hatten geschrien
ihr hattet geschrien
sie hatten geschrien

Futur II
ich werde geschrien haben
du wirst geschrien haben
er wird geschrien haben
wir werden geschrien haben
ihr werdet geschrien haben
sie werden geschrien haben

KONJUNKTIV

Konjunktiv I
ich schreie
du schreiest
er schreie
wir schreien
ihr schreiet
sie schreien

Perfekt
ich habe geschrien
du habest geschrien
er habe geschrien
wir haben geschrien
ihr habet geschrien
sie haben geschrien

Futur I
ich werde schreien
du werdest schreien
er werde schreien
wir werden schreien
ihr werdet schreien
sie werden schreien

Konjunktiv II
ich schriee
du schrieest
er schriee
wir schrieen
ihr schrieet
sie schrieen

Plusquamperfekt
ich hätte geschrien
du hättest geschrien
er hätte geschrien
wir hätten geschrien
ihr hättet geschrien
sie hätten geschrien

Futur II
ich werde geschrien haben
du werdest geschrien haben
er werde geschrien haben
wir werden geschrien haben
ihr werdet geschrien haben
sie werden geschrien haben

INFINITIV

Präsens
schreien

Perfekt
geschrien haben

PARTIZIP

Partizip I
schreiend

Partizip II
geschrien

IMPERATIV

schrei(e) (du)
schreien wir
schreit (ihr)
schreien Sie

Verbo forte

schwören
jurar

Mudança da vogal do radical **ö – oː – oː**

INDIKATIV

Präsens
ich schwöre
du schwörst
er schwört
wir schwören
ihr schwört
sie schwören

Perfekt
ich habe geschworen
du hast geschworen
er hat geschworen
wir haben geschworen
ihr habt geschworen
sie haben geschworen

Futur I
ich werde schwören
du wirst schwören
er wird schwören
wir werden schwören
ihr werdet schwören
sie werden schwören

Präteritum
ich schwor / schwur*
du schworst / schwurst*
er schwor / schwur*
wir schworen / schwuren*
ihr schwort / schwurt*
sie schworen / schwuren*

Plusquamperfekt
ich hatte geschworen
du hattest geschworen
er hatte geschworen
wir hatten geschworen
ihr hattet geschworen
sie hatten geschworen

Futur II
ich werde geschworen haben
du wirst geschworen haben
er wird geschworen haben
wir werden geschworen haben
ihr werdet geschworen haben
sie werden geschworen haben

KONJUNKTIV

Konjunktiv I
ich schwöre
du schwörest
er schwöre
wir schwören
ihr schwöret
sie schwören

Perfekt
ich habe geschworen
du habest geschworen
er habe geschworen
wir haben geschworen
ihr habet geschworen
sie haben geschworen

Futur I
ich werde schwören
du werdest schwören
er werde schwören
wir werden schwören
ihr werdet schwören
sie werden schwören

Konjunktiv II
ich schwüre
du schwürest
er schwüre
wir schwüren
ihr schwüret
sie schwüren

Plusquamperfekt
ich hätte geschworen
du hättest geschworen
er hätte geschworen
wir hätten geschworen
ihr hättet geschworen
sie hätten geschworen

Futur II
ich werde geschworen haben
du werdest geschworen haben
er werde geschworen haben
wir werden geschworen haben
ihr werdet geschworen haben
sie werden geschworen haben

INFINITIV

Präsens
schwören

Perfekt
geschworen haben

PARTIZIP

Partizip I
schwörend

Partizip II
geschworen

IMPERATIV

schwör(e) (du)
schwören wir
schwört (ihr)
schwören Sie

* obsoleto

sehen
ver

Verbo forte

Mudança da vogal do radical **e: – a: – e**
Mudança de vogal no *Präsens* (ver p. 8)

INDIKATIV

Präsens
ich sehe
du siehst
er sieht
wir sehen
ihr seht
sie sehen

Perfekt
ich habe gesehen
du hast gesehen
er hat gesehen
wir haben gesehen
ihr habt gesehen
sie haben gesehen

Futur I
ich werde sehen
du wirst sehen
er wird sehen
wir werden sehen
ihr werdet sehen
sie werden sehen

Präteritum
ich sah
du sahst
er sah
wir sahen
ihr saht
sie sahen

Plusquamperfekt
ich hatte gesehen
du hattest gesehen
er hatte gesehen
wir hatten gesehen
ihr hattet gesehen
sie hatten gesehen

Futur II
ich werde gesehen haben
du wirst gesehen haben
er wird gesehen haben
wir werden gesehen haben
ihr werdet gesehen haben
sie werden gesehen haben

KONJUNKTIV

Konjunktiv I
ich sehe
du sehest
er sehe
wir sehen
ihr sehet
sie sehen

Perfekt
ich habe gesehen
du habest gesehen
er habe gesehen
wir haben gesehen
ihr habet gesehen
sie haben gesehen

Futur I
ich werde sehen
du werdest sehen
er werde sehen
wir werden sehen
ihr werdet sehen
sie werden sehen

Konjunktiv II
ich sähe
du sähest
er sähe
wir sähen
ihr sähet
sie sähen

Plusquamperfekt
ich hätte gesehen
du hättest gesehen
er hätte gesehen
wir hätten gesehen
ihr hättet gesehen
sie hätten gesehen

Futur II
ich werde gesehen haben
du werdest gesehen haben
er werde gesehen haben
wir werden gesehen haben
ihr werdet gesehen haben
sie werden gesehen haben

INFINITIV

Präsens
sehen

Perfekt
gesehen haben

PARTIZIP

Partizip I
sehend

Partizip II
gesehen*

IMPERATIV

sieh (du)
sehen wir
seht (ihr)
sehen Sie

* O *Partizip II* é substituído pelo *Infinitiv* quando precedido por outro *Infinitiv*:
  *Er hat mich kommen **sehen**.*

73 Verbo fraco		

senden
enviar*

Verbo irregular fraco (em **-enden**) com mudança da vogal do radical **e – a –a**
Inclusão do **-e-** (ver p. 23)

INDIKATIV

Präsens	**Perfekt**	**Futur I**
ich sende	ich habe gesandt	ich werde senden
du sendest	du hast gesandt	du wirst senden
er sendet	er hat gesandt	er wird senden
wir senden	wir haben gesandt	wir werden senden
ihr sendet	ihr habt gesandt	ihr werdet senden
sie senden	sie haben gesandt	sie werden senden

Präteritum	**Plusquamperfekt**	**Futur II**
ich sandte	ich hatte gesandt	ich werde gesandt haben
du sandtest	du hattest gesandt	du wirst gesandt haben
er sandte	er hatte gesandt	er wird gesandt haben
wir sandten	wir hatten gesandt	wir werden gesandt haben
ihr sandtet	ihr hattet gesandt	ihr werdet gesandt haben
sie sandten	sie hatten gesandt	sie werden gesandt haben

KONJUNKTIV

Konjunktiv I	**Perfekt**	**Futur I**
ich sende	ich habe gesandt	ich werde senden
du sendest	du habest gesandt	du werdest senden
er sende	er habe gesandt	er werde senden
wir senden	wir haben gesandt	wir werden senden
ihr sendet	ihr habet gesandt	ihr werdet senden
sie senden	sie haben gesandt	sie werden senden

Konjunktiv II	**Plusquamperfekt**	**Futur II**
ich sendete	ich hätte gesandt	ich werde gesandt haben
du sendetest	du hättest gesandt	du werdest gesandt haben
er sendete	er hätte gesandt	er werde gesandt haben
wir sendeten	wir hätten gesandt	wir werden gesandt haben
ihr sendetet	ihr hättet gesandt	ihr werdet gesandt haben
sie sendeten	sie hätten gesandt	sie werden gesandt haben

INFINITIV

Präsens
senden

Perfekt
gesandt haben

PARTIZIP

Partizip I
sendend

Partizip II
gesandt

IMPERATIV

send(e) (du)
senden wir
sendet (ihr)
senden Sie

* *senden* também pode ser conjugado como verbo regular (→ nº 4) → 📖

sieden
ferver*

Verbo forte

Verbo irregular com mudança da vogal do radical **ie – o – o**
Inclusão do **-e-** (ver p. 23) / Duplicação de consoante (ver p. 25)

INDIKATIV

Präsens	**Perfekt**	**Futur I**
ich siede	ich habe gesotten	ich werde sieden
du siedest	du hast gesotten	du wirst sieden
er siedet	er hat gesotten	er wird sieden
wir sieden	wir haben gesotten	wir werden sieden
ihr siedet	ihr habt gesotten	ihr werdet sieden
sie sieden	sie haben gesotten	sie werden sieden

Präteritum	**Plusquamperfekt**	**Futur II**
ich sott	ich hatte gesotten	ich werde gesotten haben
du sottest	du hattest gesotten	du wirst gesotten haben
er sott	er hatte gesotten	er wird gesotten haben
wir sotten	wir hatten gesotten	wir werden gesotten haben
ihr sottet	ihr hattet gesotten	ihr werdet gesotten haben
sie sotten	sie hatten gesotten	sie werden gesotten haben

KONJUNKTIV

Konjunktiv I	**Perfekt**	**Futur I**
ich siede	ich habe gesotten	ich werde sieden
du siedest	du habest gesotten	du werdest sieden
er siede	er habe gesotten	er werde sieden
wir sieden	wir haben gesotten	wir werden sieden
ihr siedet	ihr habet gesotten	ihr werdet sieden
sie siedet	sie haben gesotten	sie werden sieden

Konjunktiv II	**Plusquamperfekt**	**Futur II**
ich sötte	ich hätte gesotten	ich werde gesotten haben
du söttest	du hättest gesotten	du werdest gesotten haben
er sötte	er hätte gesotten	er werde gesotten haben
wir sötten	wir hätten gesotten	wir werden gesotten haben
ihr söttet	ihr hättet gesotten	ihr werdet gesotten haben
sie sötten	sie hätten gesotten	sie werden gesotten haben

INFINITIV

Präsens
sieden

Perfekt
gesotten haben

PARTIZIP

Partizip I
siedend

Partizip II
gesotten

IMPERATIV

sied(e) (du)
sieden wir
siedet (ihr)
sieden Sie

* *sieden* também pode ser conjugado como verbo fraco (→ n° 4)

sitzen
sentar

Verbo forte

Verbo irregular com mudança da vogal do radical **i – a: – e**
Exclusão do **-s-** (ver p. 24) / Inclusão do **-e-** (ver p. 24)

INDIKATIV

Präsens
ich sitze
du sitzt
er sitzt
wir sitzen
ihr sitzt
sie sitzen

Perfekt
ich habe gesessen
du hast gesessen
er hat gesessen
wir haben gesessen
ihr habt gesessen
sie haben gesessen

Futur I
ich werde sitzen
du wirst sitzen
er wird sitzen
wir werden sitzen
ihr werdet sitzen
sie werden sitzen

Präteritum
ich saß
du saßest
er saß
wir saßen
ihr saß(e)t
sie saßen

Plusquamperfekt
ich hatte gesessen
du hattest gesessen
er hatte gesessen
wir hatten gesessen
ihr hattet gesessen
sie hatten gesessen

Futur II
ich werde gesessen haben
du wirst gesessen haben
er wird gesessen haben
wir werden gesessen haben
ihr werdet gesessen haben
sie werden gesessen haben

KONJUNKTIV

Konjunktiv I
ich sitze
du sitzest
er sitze
wir sitzen
ihr sitzet
sie sitzen

Perfekt
ich habe gesessen
du habest gesessen
er habe gesessen
wir haben gesessen
ihr habet gesessen
sie haben gesessen

Futur I
ich werde sitzen
du werdest sitzen
er werde sitzen
wir werden sitzen
ihr werdet sitzen
sie werden sitzen

Konjunktiv II
ich säße
du säßest
er säße
wir säßen
ihr säßet
sie säßen

Plusquamperfekt
ich hätte gesessen
du hättest gesessen
er hätte gesessen
wir hätten gesessen
ihr hättet gesessen
sie hätten gesessen

Futur II
ich werde gesessen haben
du werdest gesessen haben
er werde gesessen haben
wir werden gesessen haben
ihr werdet gesessen haben
sie werden gesessen haben

INFINITIV

Präsens
sitzen

Perfekt
gesessen haben/sein*

PARTIZIP

Partizip I
sitzend

Partizip II
gesessen

IMPERATIV

sitz(e) (du)
sitzen wir
sitzt (ihr)
sitzen Sie

* no sul da Alemanha também conjugado com *sein*

sollen
dever

Verbo Modal

O *Partizip II* é substituído pelo *Infinitiv*, quando precedido por outro *Infinitiv*: *Er hat schreiben **sollen***.
Para *sollen* como verbo independente emprega-se o *Partizip II*: *Er hat das **gesollt***.

INDIKATIV

Präsens
ich soll
du sollst
er soll
wir sollen
ihr sollt
sie sollen

Perfekt
ich habe gesollt
du hast gesollt
er hat gesollt
wir haben gesollt
ihr habt gesollt
sie haben gesollt

Futur I
ich werde sollen
du wirst sollen
er wird sollen
wir werden sollen
ihr werdet sollen
sie werden sollen

Präteritum
ich sollte
du solltest
er sollte
wir sollten
ihr solltet
sie sollten

Plusquamperfekt
ich hatte gesollt
du hattest gesollt
er hatte gesollt
wir hatten gesollt
ihr hattet gesollt
sie hatten gesollt

Futur II
ich werde gesollt haben
du wirst gesollt haben
er wird gesollt haben
wir werden gesollt haben
ihr werdet gesollt haben
sie werden gesollt haben

KONJUNKTIV

Konjunktiv I
ich solle
du sollest
er solle
wir sollen
ihr sollet
sie sollen

Perfekt
ich habe gesollt
du habest gesollt
er habe gesollt
wir haben gesollt
ihr habet gesollt
sie haben gesollt

Futur I
ich werde sollen
du werdest sollen
er werde sollen
wir werden sollen
ihr werdet sollen
sie werden sollen

Konjunktiv II
ich sollte
du solltest
er sollte
wir sollten
ihr solltet
sie sollten

Plusquamperfekt
ich hätte gesollt
du hättest gesollt
er hätte gesollt
wir hätten gesollt
ihr hättet gesollt
sie hätten gesollt

Futur II
ich werde gesollt haben
du werdest gesollt haben
er werde gesollt haben
wir werden gesollt haben
ihr werdet gesollt haben
sie werden gesollt haben

INFINITIV

Präsens
sollen

Perfekt
gesollt haben

PARTIZIP

Partizip I
sollend

Partizip II
gesollt

IMPERATIV

—
—
—
—

77 Verbo forte

springen
pular

Mudança da vogal do radical **i – a – u**

INDIKATIV

Präsens
ich springe
du springst
er springt
wir springen
ihr springt
sie springen

Perfekt
ich bin gesprungen
du bist gesprungen
er ist gesprungen
wir sind gesprungen
ihr seid gesprungen
sie sind gesprungen

Futur I
ich werde springen
du wirst springen
er wird springen
wir werden springen
ihr werdet springen
sie werden springen

Präteritum
ich sprang
du sprangst
er sprang
wir sprangen
ihr sprangt
sie sprangen

Plusquamperfekt
ich war gesprungen
du warst gesprungen
er war gesprungen
wir waren gesprungen
ihr wart gesprungen
sie waren gesprungen

Futur II
ich werde gesprungen sein
du wirst gesprungen sein
er wird gesprungen sein
wir werden gesprungen sein
ihr werdet gesprungen sein
sie werden gesprungen sein

KONJUNKTIV

Konjunktiv I
ich springe
du springest
er springe
wir springen
ihr springet
sie springen

Perfekt
ich sei gesprungen
du sei(e)st gesprungen
er sei gesprungen
wir seien gesprungen
ihr sei(e)t gesprungen
sie seien gesprungen

Futur I
ich werde springen
du werdest springen
er werde springen
wir werden springen
ihr werdet springen
sie werden springen

Konjunktiv II
ich spränge
du sprängest
er spränge
wir sprängen
ihr spränget
sie sprängen

Plusquamperfekt
ich wäre gesprungen
du wär(e)st gesprungen
er wäre gesprungen
wir wären gesprungen
ihr wär(e)t gesprungen
sie wären gesprungen

Futur II
ich werde gesprungen sein
du werdest gesprungen sein
er werde gesprungen sein
wir werden gesprungen sein
ihr werdet gesprungen sein
sie werden gesprungen sein

INFINITIV

Präsens
springen

Perfekt
gesprungen sein

PARTIZIP

Partizip I
springend

Partizip II
gesprungen

IMPERATIV

spring(e) (du)
springen wir
springt (ihr)
springen Sie

stehen
ficar em pé, ficar parado

Verbo forte

Verbo irregular com mudança da vogal do radical **e: – a – a** / Inclusão do **-e-** (ver p. 23)

INDIKATIV

Präsens	**Perfekt**	**Futur I**
ich stehe	ich habe gestanden	ich werde stehen
du stehst	du hast gestanden	du wirst stehen
er steht	er hat gestanden	er wird stehen
wir stehen	wir haben gestanden	wir werden stehen
ihr steht	ihr habt gestanden	ihr werdet stehen
sie stehen	sie haben gestanden	sie werden stehen

Präteritum	**Plusquamperfekt**	**Futur II**
ich stand	ich hatte gestanden	ich werde gestanden haben
du stand(e)st	du hattest gestanden	du wirst gestanden haben
er stand	er hatte gestanden	er wird gestanden haben
wir standen	wir hatten gestanden	wir werden gestanden haben
ihr standet	ihr hattet gestanden	ihr werdet gestanden haben
sie standen	sie hatten gestanden	sie werden gestanden haben

KONJUNKTIV

Konjunktiv I	**Perfekt**	**Futur I**
ich stehe	ich habe gestanden	ich werde stehen
du stehest	du habest gestanden	du werdest stehen
er stehe	er habe gestanden	er werde stehen
wir stehen	wir haben gestanden	wir werden stehen
ihr stehet	ihr habet gestanden	ihr werdet stehen
sie stehen	sie haben gestanden	sie werden stehen

Konjunktiv II	**Plusquamperfekt**	**Futur II**
ich stünde / stände	ich hätte gestanden	ich werde gestanden haben
du stündest / ständest	du hättest gestanden	du werdest gestanden haben
er stünde / stände	er hätte gestanden	er werde gestanden haben
wir stünden / ständen	wir hätten gestanden	wir werden gestanden haben
ihr stündet / ständet	ihr hättet gestanden	ihr werdet gestanden haben
sie stünden / ständen	sie hätten gestanden	sie werden gestanden haben

INFINITIV

Präsens
stehen

Perfekt
gestanden haben/sein*

PARTIZIP

Partizip I
stehend

Partizip II
gestanden

IMPERATIV

steh(e) (du)
stehen wir
steht (ihr)
stehen Sie

* no sul da Alemanha conjugado também com *sein*

stehlen
roubar

Verbo forte

Mudança da vogal do radical **e: – a: – o:**
Mudança de vogal no *Präsens* (ver p. 8)

INDIKATIV

Präsens
ich stehle
du stiehlst
er stiehlt
wir stehlen
ihr stehlt
sie stehlen

Perfekt
ich habe gestohlen
du hast gestohlen
er hat gestohlen
wir haben gestohlen
ihr habt gestohlen
sie haben gestohlen

Futur I
ich werde stehlen
du wirst stehlen
er wird stehlen
wir werden stehlen
ihr werdet stehlen
sie werden stehlen

Präteritum
ich stahl
du stahlst
er stahl
wir stahlen
ihr stahlt
sie stahlen

Plusquamperfekt
ich hatte gestohlen
du hattest gestohlen
er hatte gestohlen
wir hatten gestohlen
ihr hattet gestohlen
sie hatten gestohlen

Futur II
ich werde gestohlen haben
du wirst gestohlen haben
er wird gestohlen haben
wir werden gestohlen haben
ihr werdet gestohlen haben
sie werden gestohlen haben

KONJUNKTIV

Konjunktiv I
ich stehle
du stehlest
er stehle
wir stehlen
ihr stehlet
sie stehlen

Perfekt
ich habe gestohlen
du habest gestohlen
er habe gestohlen
wir haben gestohlen
ihr habet gestohlen
sie haben gestohlen

Futur I
ich werde stehlen
du werdest stehlen
er werde stehlen
wir werden stehlen
ihr werdet stehlen
sie werden stehlen

Konjunktiv II
ich stähle / stöhle*
du stählest / stöhlest*
er stähle / stöhle*
wir stählen / stöhlen*
ihr stählet / stöhlet*
sie stählen / stöhlen*

Plusquamperfekt
ich hätte gestohlen
du hättest gestohlen
er hätte gestohlen
wir hätten gestohlen
ihr hättet gestohlen
sie hätten gestohlen

Futur II
ich werde gestohlen haben
du werdest gestohlen haben
er werde gestohlen haben
wir werden gestohlen haben
ihr werdet gestohlen haben
sie werden gestohlen haben

INFINITIV

Präsens
stehlen

Perfekt
gestohlen haben

PARTIZIP

Partizip I
stehlend

Partizip II
gestohlen

IMPERATIV

stiehl (du)
stehlen wir
stehlt (ihr)
stehlen Sie

* raro

sterben
morrer

Verbo forte

Mudança da vogal do radical **e –a: – o**
Mudança de vogal no *Präsens* (ver p. 8)

INDIKATIV

Präsens
ich sterbe
du stirbst
er stirbt
wir sterben
ihr sterbt
sie sterben

Perfekt
ich bin gestorben
du bist gestorben
er ist gestorben
wir sind gestorben
ihr seid gestorben
sie sind gestorben

Futur I
ich werde sterben
du wirst sterben
er wird sterben
wir werden sterben
ihr werdet sterben
sie werden sterben

Präteritum
ich starb
du starbst
er starb
wir starben
ihr starbt
sie starben

Plusquamperfekt
ich war gestorben
du warst gestorben
er war gestorben
wir waren gestorben
ihr wart gestorben
sie waren gestorben

Futur II
ich werde gestorben sein
du wirst gestorben sein
er wird gestorben sein
wir werden gestorben sein
ihr werdet gestorben sein
sie werden gestorben sein

KONJUNKTIV

Konjunktiv I
ich sterbe
du sterbest
er sterbe
wir sterben
ihr sterbet
sie sterben

Perfekt
ich sei gestorben
du sei(e)st gestorben
er sei gestorben
wir seien gestorben
ihr sei(e)t gestorben
sie seien gestorben

Futur I
ich werde sterben
du werdest sterben
er werde sterben
wir werden sterben
ihr werdet sterben
sie werden sterben

Konjunktiv II
ich stürbe
du stürbest
er stürbe
wir stürben
ihr stürbet
sie stürben

Plusquamperfekt
ich wäre gestorben
du wär(e)st gestorben
er wäre gestorben
wir wären gestorben
ihr wär(e)t gestorben
sie wären gestorben

Futur II
ich werde gestorben sein
du werdest gestorben sein
er werde gestorben sein
wir werden gestorben sein
ihr werdet gestorben sein
sie werden gestorben sein

INFINITIV

Präsens
sterben

Perfekt
gestorben sein

PARTIZIP

Partizip I
sterbend

Partizip II
gestorben

IMPERATIV

stirb (du)
sterben wir
sterbt (ihr)
sterben Sie

stoßen

empurrar

Mudança da vogal do radical **o:** – **ie** – **o:**
Mudança de vogal no *Präsens* (ver p. 8) / Exclusão do **-s-** (ver p. 24) / Inclusão do **-e-** (ver p. 24)

INDIKATIV

Präsens
ich stoße
du stößt
er stößt
wir stoßen
ihr stoßt
sie stoßen

Perfekt
ich habe gestoßen
du hast gestoßen
er hat gestoßen
wir haben gestoßen
ihr habt gestoßen
sie haben gestoßen

Futur I
ich werde stoßen
du wirst stoßen
er wird stoßen
wir werden stoßen
ihr werdet stoßen
sie werden stoßen

Präteritum
ich stieß
du stießest
er stieß
wir stießen
ihr stieß(e)t
sie stießen

Plusquamperfekt
ich hatte gestoßen
du hattest gestoßen
er hatte gestoßen
wir hatten gestoßen
ihr hattet gestoßen
sie hatten gestoßen

Futur II
ich werde gestoßen haben
du wirst gestoßen haben
er wird gestoßen haben
wir werden gestoßen haben
ihr werdet gestoßen haben
sie werden gestoßen haben

KONJUNKTIV

Konjunktiv I
ich stoße
du stoßest
er stoße
wir stoßen
ihr stoßet
sie stoßen

Perfekt
ich habe gestoßen
du habest gestoßen
er habe gestoßen
wir haben gestoßen
ihr habet gestoßen
sie haben gestoßen

Futur I
ich werde stoßen
du werdest stoßen
er werde stoßen
wir werden stoßen
ihr werdet stoßen
sie werden stoßen

Konjunktiv II
ich stieße
du stießest
er stieße
wir stießen
ihr stießet
sie stießen

Plusquamperfekt
ich hätte gestoßen
du hättest gestoßen
er hätte gestoßen
wir hätten gestoßen
ihr hättet gestoßen
sie hätten gestoßen

Futur II
ich werde gestoßen haben
du werdest gestoßen haben
er werde gestoßen haben
wir werden gestoßen haben
ihr werdet gestoßen haben
sie werden gestoßen haben

INFINITIV

Präsens
stoßen

Perfekt
gestoßen haben/sein*

PARTIZIP

Partizip I
stoßend

Partizip II
gestoßen

IMPERATIV

stoß(e) (du)
stoßen wir
stoßt (ihr)
stoßen Sie

* emprego de *haben* ou *sein* nos tempos compostos →

tragen

Verbo forte

trazer, levar, estar vestido com

Mudança da vogal do radical **aː – uː – aː**
Mudança de vogal no *Präsens* (ver p. 8)

INDIKATIV

Präsens	**Perfekt**	**Futur I**
ich trage	ich habe getragen	ich werde tragen
du trägst	du hast getragen	du wirst tragen
er trägt	er hat getragen	er wird tragen
wir tragen	wir haben getragen	wir werden tragen
ihr tragt	ihr habt getragen	ihr werdet tragen
sie tragen	sie haben getragen	sie werden tragen

Präteritum	**Plusquamperfekt**	**Futur II**
ich trug	ich hatte getragen	ich werde getragen haben
du trugst	du hattest getragen	du wirst getragen haben
er trug	er hatte getragen	er wird getragen haben
wir trugen	wir hatten getragen	wir werden getragen haben
ihr trugt	ihr hattet getragen	ihr werdet getragen haben
sie trugen	sie hatten getragen	sie werden getragen haben

KONJUNKTIV

Konjunktiv I	**Perfekt**	**Futur I**
ich trage	ich habe getragen	ich werde tragen
du tragest	du habest getragen	du werdest tragen
er trage	er habe getragen	er werde tragen
wir tragen	wir haben getragen	wir werden tragen
ihr traget	ihr habet getragen	ihr werdet tragen
sie tragen	sie haben getragen	sie werden tragen

Konjunktiv II	**Plusquamperfekt**	**Futur II**
ich trüge	ich hätte getragen	ich werde getragen haben
du trügest	du hättest getragen	du werdest getragen haben
er trüge	er hätte getragen	er werde getragen haben
wir trügen	wir hätten getragen	wir werden getragen haben
ihr trüget	ihr hättet getragen	ihr werdet getragen haben
sie trügen	sie hätten getragen	sie werden getragen haben

INFINITIV

Präsens
tragen

Perfekt
getragen haben

PARTIZIP

Partizip I
tragend

Partizip II
getragen

IMPERATIV

trag(e) (du)
tragen wir
tragt (ihr)
tragen Sie

83

Verbo forte

treffen
encontrar

Mudança da vogal do radical **e – aː – o**
Mudança de vogal no *Präsens* (ver p. 8) / Queda da consoante dupla (ver p. 25)

INDIKATIV

Präsens
ich treffe
du triffst
er trifft
wir treffen
ihr trefft
sie treffen

Perfekt
ich habe getroffen
du hast getroffen
er hat getroffen
wir haben getroffen
ihr habt getroffen
sie haben getroffen

Futur I
ich werde treffen
du wirst treffen
er wird treffen
wir werden treffen
ihr werdet treffen
sie werden treffen

Präteritum
ich traf
du trafst
er traf
wir trafen
ihr traft
sie trafen

Plusquamperfekt
ich hatte getroffen
du hattest getroffen
er hatte getroffen
wir hatten getroffen
ihr hattet getroffen
sie hatten getroffen

Futur II
ich werde getroffen haben
du wirst getroffen haben
er wird getroffen haben
wir werden getroffen haben
ihr werdet getroffen haben
sie werden getroffen haben

KONJUNKTIV

Konjunktiv I
ich treffe
du treffest
er treffe
wir treffen
ihr treffet
sie treffen

Perfekt
ich habe getroffen
du habest getroffen
er habe getroffen
wir haben getroffen
ihr habet getroffen
sie haben getroffen

Futur I
ich werde treffen
du werdest treffen
er werde treffen
wir werden treffen
ihr werdet treffen
sie werden treffen

Konjunktiv II
ich träfe
du träfest
er träfe
wir träfen
ihr träfet
sie träfen

Plusquamperfekt
ich hätte getroffen
du hättest getroffen
er hätte getroffen
wir hätten getroffen
ihr hättet getroffen
sie hätten getroffen

Futur II
ich werde getroffen haben
du werdest getroffen haben
er werde getroffen haben
wir werden getroffen haben
ihr werdet getroffen haben
sie werden getroffen haben

INFINITIV

Präsens
treffen

Perfekt
getroffen haben

PARTIZIP

Partizip I
treffend

Partizip II
getroffen

IMPERATIV

triff (du)
treffen wir
trefft (ihr)
treffen Sie

treten
ir, andar

Verbo forte

Mudança da vogal do radical **eː – aː – eː**
Mudança de vogal com duplicação de consoante no *Präsens* (ver p. 8) / Inclusão do **-e-** (ver p. 23)

INDIKATIV

Präsens
ich trete
du tri**tt**st
er tri**tt**
wir treten
ihr tretet
sie treten

Perfekt
ich habe getreten
du hast getreten
er hat getreten
wir haben getreten
ihr habt getreten
sie haben getreten

Futur I
ich werde treten
du wirst treten
er wird treten
wir werden treten
ihr werdet treten
sie werden treten

Präteritum
ich tr**a**t
du tr**a**tst
er tr**a**t
wir tr**a**ten
ihr tr**a**tet
sie tr**a**ten

Plusquamperfekt
ich hatte getreten
du hattest getreten
er hatte getreten
wir hatten getreten
ihr hattet getreten
sie hatten getreten

Futur II
ich werde getreten haben
du wirst getreten haben
er wird getreten haben
wir werden getreten haben
ihr werdet getreten haben
sie werden getreten haben

KONJUNKTIV

Konjunktiv I
ich trete
du tretest
er trete
wir treten
ihr tretet
sie treten

Perfekt
ich habe getreten
du habest getreten
er habe getreten
wir haben getreten
ihr habet getreten
sie haben getreten

Futur I
ich werde treten
du werdest treten
er werde treten
wir werden treten
ihr werdet treten
sie werden treten

Konjunktiv II
ich tr**ä**te
du tr**ä**test
er tr**ä**te
wir tr**ä**ten
ihr tr**ä**tet
sie tr**ä**ten

Plusquamperfekt
ich hätte getreten
du hättest getreten
er hätte getreten
wir hätten getreten
ihr hättet getreten
sie hätten getreten

Futur II
ich werde getreten haben
du werdest getreten haben
er werde getreten haben
wir werden getreten haben
ihr werdet getreten haben
sie werden getreten haben

INFINITIV

Präsens
treten

Perfekt
getreten haben

PARTIZIP

Partizip I
tretend

Partizip II
getreten

IMPERATIV

tri**tt** (du)
treten wir
tretet (ihr)
treten Sie

85

tun — Verbo forte

tun
fazer

Verbo irregular com mudança da vogal do radical **uː – aː – aː** / Inclusão do **-e-** (ver p. 23)

INDIKATIV

Präsens
ich tu(e)
du tust
er tut
wir tun
ihr tut
sie tun

Perfekt
ich habe getan
du hast getan
er hat getan
wir haben getan
ihr habt getan
sie haben getan

Futur I
ich werde tun
du wirst tun
er wird tun
wir werden tun
ihr werdet tun
sie werden tun

Präteritum
ich tat
du tat(e)st
er tat
wir taten
ihr tatet
sie taten

Plusquamperfekt
ich hatte getan
du hattest getan
er hatte getan
wir hatten getan
ihr hattet getan
sie hatten getan

Futur II
ich werde getan haben
du wirst getan haben
er wird getan haben
wir werden getan haben
ihr werdet getan haben
sie werden getan haben

KONJUNKTIV

Konjunktiv I
ich tue
du tuest
er tue
wir tun
ihr tuet
sie tun

Perfekt
ich habe getan
du habest getan
er habe getan
wir haben getan
ihr habet getan
sie haben getan

Futur I
ich werde tun
du werdest tun
er werde tun
wir werden tun
ihr werdet tun
sie werden tun

Konjunktiv II
ich täte
du tätest
er täte
wir täten
ihr tätet
sie täten

Plusquamperfekt
ich hätte getan
du hättest getan
er hätte getan
wir hätten getan
ihr hättet getan
sie hätten getan

Futur II
ich werde getan haben
du werdest getan haben
er werde getan haben
wir werden getan haben
ihr werdet getan haben
sie werden getan haben

INFINITIV

Präsens
tun

Perfekt
getan haben

PARTIZIP

Partizip I
tuend

Partizip II
getan

IMPERATIV

tu(e) (du)
tun wir
tut (ihr)
tun Sie

verlieren
perder

Verbo forte

Mudança da vogal do radical **ie – o: – o:**

INDIKATIV

Präsens
ich verliere
du verlierst
er verliert
wir verlieren
ihr verliert
sie verlieren

Präteritum
ich verlor
du verlorst
er verlor
wir verloren
ihr verlort
sie verloren

Perfekt
ich habe verloren
du hast verloren
er hat verloren
wir haben verloren
ihr habt verloren
sie haben verloren

Plusquamperfekt
ich hatte verloren
du hattest verloren
er hatte verloren
wir hatten verloren
ihr hattet verloren
sie hatten verloren

Futur I
ich werde verlieren
du wirst verlieren
er wird verlieren
wir werden verlieren
ihr werdet verlieren
sie werden verlieren

Futur II
ich werde verloren haben
du wirst verloren haben
er wird verloren haben
wir werden verloren haben
ihr werdet verloren haben
sie werden verloren haben

KONJUNKTIV

Konjunktiv I
ich verliere
du verlierest
er verliere
wir verlieren
ihr verlieret
sie verlieren

Konjunktiv II
ich verlöre
du verlörest
er verlöre
wir verlören
ihr verlöret
sie verlören

Perfekt
ich habe verloren
du habest verloren
er habe verloren
wir haben verloren
ihr habet verloren
sie haben verloren

Plusquamperfekt
ich hätte verloren
du hättest verloren
er hätte verloren
wir hätten verloren
ihr hättet verloren
sie hätten verloren

Futur I
ich werde verlieren
du werdest verlieren
er werde verlieren
wir werden verlieren
ihr werdet verlieren
sie werden verlieren

Futur II
ich werde verloren haben
du werdest verloren haben
er werde verloren haben
wir werden verloren haben
ihr werdet verloren haben
sie werden verloren haben

INFINITIV

Präsens
verlieren

Perfekt
verloren haben

PARTIZIP

Partizip I
verlierend

Partizip II
verloren

IMPERATIV

verlier(e) (du)
verlieren wir
verliert (ihr)
verlieren Sie

87 Verbo forte

waschen lavar

Mudança da vogal do radical **a – u: – a**
Mudança de vogal no *Präsens* (ver p. 8)

INDIKATIV

Präsens
ich wasche
du wäschst
er wäscht
wir waschen
ihr wascht
sie waschen

Perfekt
ich habe gewaschen
du hast gewaschen
er hat gewaschen
wir haben gewaschen
ihr habt gewaschen
sie haben gewaschen

Futur I
ich werde waschen
du wirst waschen
er wird waschen
wir werden waschen
ihr werdet waschen
sie werden waschen

Präteritum
ich wusch
du wuschst
er wusch
wir wuschen
ihr wuscht
sie wuschen

Plusquamperfekt
ich hatte gewaschen
du hattest gewaschen
er hatte gewaschen
wir hatten gewaschen
ihr hattet gewaschen
sie hatten gewaschen

Futur II
ich werde gewaschen haben
du wirst gewaschen haben
er wird gewaschen haben
wir werden gewaschen haben
ihr werdet gewaschen haben
sie werden gewaschen haben

KONJUNKTIV

Konjunktiv I
ich wasche
du waschest
er wasche
wir waschen
ihr waschet
sie waschen

Perfekt
ich habe gewaschen
du habest gewaschen
er habe gewaschen
wir haben gewaschen
ihr habet gewaschen
sie haben gewaschen

Futur I
ich werde waschen
du werdest waschen
er werde waschen
wir werden waschen
ihr werdet waschen
sie werden waschen

Konjunktiv II
ich wüsche
du wüschest
er wüsche
wir wüschen
ihr wüschet
sie wüschen

Plusquamperfekt
ich hätte gewaschen
du hättest gewaschen
er hätte gewaschen
wir hätten gewaschen
ihr hättet gewaschen
sie hätten gewaschen

Futur II
ich werde gewaschen haben
du werdest gewaschen haben
er werde gewaschen haben
wir werden gewaschen haben
ihr werdet gewaschen haben
sie werden gewaschen haben

INFINITIV

Präsens
waschen

Perfekt
gewaschen haben

PARTIZIP

Partizip I
waschend

Partizip II
gewaschen

IMPERATIV

wasch(e) (du)
waschen wir
wascht (ihr)
waschen Sie

wiegen
balançar, embalar

Verbo forte

Mudança da vogal do radical **ie – o: – o:**

INDIKATIV

Präsens
ich wiege
du wiegst
er wiegt
wir wiegen
ihr wiegt
sie wiegen

Perfekt
ich habe gewogen
du hast gewogen
er hat gewogen
wir haben gewogen
ihr habt gewogen
sie haben gewogen

Futur I
ich werde wiegen
du wirst wiegen
er wird wiegen
wir werden wiegen
ihr werdet wiegen
sie werden wiegen

Präteritum
ich wog
du wogst
er wog
wir wogen
ihr wogt
sie wogen

Plusquamperfekt
ich hatte gewogen
du hattest gewogen
er hatte gewogen
wir hatten gewogen
ihr hattet gewogen
sie hatten gewogen

Futur II
ich werde gewogen haben
du wirst gewogen haben
er wird gewogen haben
wir werden gewogen haben
ihr werdet gewogen haben
sie werden gewogen haben

KONJUNKTIV

Konjunktiv I
ich wiege
du wiegest
er wiege
wir wiegen
ihr wieget
sie wiegen

Perfekt
ich habe gewogen
du habest gewogen
er habe gewogen
wir haben gewogen
ihr habet gewogen
sie haben gewogen

Futur I
ich werde wiegen
du werdest wiegen
er werde wiegen
wir werden wiegen
ihr werdet wiegen
sie werden wiegen

Konjunktiv II
ich wöge
du wögest
er wöge
wir wögen
ihr wöget
sie wögen

Plusquamperfekt
ich hätte gewogen
du hättest gewogen
er hätte gewogen
wir hätten gewogen
ihr hättet gewogen
sie hätten gewogen

Futur II
ich werde gewogen haben
du werdest gewogen haben
er werde gewogen haben
wir werden gewogen haben
ihr werdet gewogen haben
sie werden gewogen haben

INFINITIV

Präsens
wiegen

Perfekt
gewogen haben

PARTIZIP

Partizip I
wiegend

Partizip II
gewogen

IMPERATIV

wieg(e) (du)
wiegen wir
wiegt (ihr)
wiegen Sie

89

Verbo fraco

wissen
saber

Verbo irregular fraco com mudança da vogal do radical **i – u – u**
Mudança de vogal no *Präsens* (ver p. 8) com queda da consoante dupla / Exclusão do **-s-** (ver p. 24)

INDIKATIV

Präsens
ich weiß
du weißt
er weiß
wir wissen
ihr wisst
sie wissen

Perfekt
ich habe gewusst
du hast gewusst
er hat gewusst
wir haben gewusst
ihr habt gewusst
sie haben gewusst

Futur I
ich werde wissen
du wirst wissen
er wird wissen
wir werden wissen
ihr werdet wissen
sie werden wissen

Präteritum
ich wusste
du wusstest
er wusste
wir wussten
ihr wusstet
sie wussten

Plusquamperfekt
ich hatte gewusst
du hattest gewusst
er hatte gewusst
wir hatten gewusst
ihr hattet gewusst
sie hatten gewusst

Futur II
ich werde gewusst haben
du wirst gewusst haben
er wird gewusst haben
wir werden gewusst haben
ihr werdet gewusst haben
sie werden gewusst haben

KONJUNKTIV

Konjunktiv I
ich wisse
du wissest
er wisse
wir wissen
ihr wisset
sie wissen

Perfekt
ich habe gewusst
du habest gewusst
er habe gewusst
wir haben gewusst
ihr habet gewusst
sie haben gewusst

Futur I
ich werde wissen
du werdest wissen
er werde wissen
wir werden wissen
ihr werdet wissen
sie werden wissen

Konjunktiv II
ich wüsste
du wüsstest
er wüsste
wir wüssten
ihr wüsstet
sie wüssten

Plusquamperfekt
ich hätte gewusst
du hättest gewusst
er hätte gewusst
wir hätten gewusst
ihr hättet gewusst
sie hätten gewusst

Futur II
ich werde gewusst haben
du werdest gewusst haben
er werde gewusst haben
wir werden gewusst haben
ihr werdet gewusst haben
sie werden gewusst haben

INFINITIV

Präsens
wissen

Perfekt
gewusst haben

PARTIZIP

Partizip I
wissend

Partizip II
gewusst

IMPERATIV

wisse (du)
wissen wir
wisst (ihr)
wissen Sie

wollen
querer

Verbo Modal

O *Partizip II* é substituído pelo *Infinitiv*, quando precedido por outro Infinitiv: *Er hat lesen **wollen***. Para *wollen* como verbo independente emprega-se o *Partizip II*: *Er hat das **gewollt***.
Mudança de vogal no *Präsens* (ver p. 8)

INDIKATIV

Präsens
ich will
du willst
er will
wir wollen
ihr wollt
sie wollen

Perfekt
ich habe gewollt
du hast gewollt
er hat gewollt
wir haben gewollt
ihr habt gewollt
sie haben gewollt

Futur I
ich werde wollen
du wirst wollen
er wird wollen
wir werden wollen
ihr werdet wollen
sie werden wollen

Präteritum
ich wollte
du wolltest
er wollte
wir wollten
ihr wolltet
sie wollten

Plusquamperfekt
ich hatte gewollt
du hattest gewollt
er hatte gewollt
wir hatten gewollt
ihr hattet gewollt
sie hatten gewollt

Futur II
ich werde gewollt haben
du wirst gewollt haben
er wird gewollt haben
wir werden gewollt haben
ihr werdet gewollt haben
sie werden gewollt haben

KONJUNKTIV

Konjunktiv I
ich wolle
du wollest
er wolle
wir wollen
ihr wollet
sie wollen

Perfekt
ich habe gewollt
du habest gewollt
er habe gewollt
wir haben gewollt
ihr habet gewollt
sie haben gewollt

Futur I
ich werde wollen
du werdest wollen
er werde wollen
wir werden wollen
ihr werdet wollen
sie werden wollen

Konjunktiv II
ich wollte
du wolltest
er wollte
wir wollten
ihr wolltet
sie wollten

Plusquamperfekt
ich hätte gewollt
du hättest gewollt
er hätte gewollt
wir hätten gewollt
ihr hättet gewollt
sie hätten gewollt

Futur II
ich werde gewollt haben
du werdest gewollt haben
er werde gewollt haben
wir werden gewollt haben
ihr werdet gewollt haben
sie werden gewollt haben

INFINITIV

Präsens
wollen

Perfekt
gewollt haben

PARTIZIP

Partizip I
wollend

Partizip II
gewollt

IMPERATIV

—
—
—

91

Verbo forte

ziehen
puxar

Verbo irregular com mudança da vogal do radical **ie – o: – o:**
Mudança de consoante **h** → g.

INDIKATIV

Präsens	Perfekt	Futur I
ich ziehe	ich habe gezogen	ich werde ziehen
du ziehst	du hast gezogen	du wirst ziehen
er zieht	er hat gezogen	er wird ziehen
wir ziehen	wir haben gezogen	wir werden ziehen
ihr zieht	ihr habt gezogen	ihr werdet ziehen
sie ziehen	sie haben gezogen	sie werden ziehen

Präteritum	Plusquamperfekt	Futur II
ich zog	ich hatte gezogen	ich werde gezogen haben
du zogst	du hattest gezogen	du wirst gezogen haben
er zog	er hatte gezogen	er wird gezogen haben
wir zogen	wir hatten gezogen	wir werden gezogen haben
ihr zogt	ihr hattet gezogen	ihr werdet gezogen haben
sie zogen	sie hatten gezogen	sie werden gezogen haben

KONJUNKTIV

Konjunktiv I	Perfekt	Futur I
ich ziehe	ich habe gezogen	ich werde ziehen
du ziehest	du habest gezogen	du werdest ziehen
er ziehe	er habe gezogen	er werde ziehen
wir ziehen	wir haben gezogen	wir werden ziehen
ihr ziehet	ihr habet gezogen	ihr werdet ziehen
sie ziehen	sie haben gezogen	sie werden ziehen

Konjunktiv II	Plusquamperfekt	Futur II
ich zöge	ich hätte gezogen	ich werde gezogen haben
du zögest	du hättest gezogen	du werdest gezogen haben
er zöge	er hätte gezogen	er werde gezogen haben
wir zögen	wir hätten gezogen	wir werden gezogen haben
ihr zöget	ihr hättet gezogen	ihr werdet gezogen haben
sie zögen	sie hätten gezogen	sie werden gezogen haben

INFINITIV

Präsens
ziehen

Perfekt
gezogen haben/sein*

PARTIZIP

Partizip I
ziehend

Partizip II
gezogen

IMPERATIV

zieh(e) (du)
ziehen wir
zieht (ihr)
ziehen Sie

* emprego de *sein* nos tempos compostos → 📖

Verbos fortes e fracos com particularidades

Os verbos que se seguem apresentam divergências com relação à conjugação regular de verbos fortes ou fracos. O número que se encontra sob o *Infinitiv* corresponde ao modelo básico de conjugação.

As vogais do radical que se alteram e as particularidades quanto ao uso de *sein* ou de *haben* e *sein* estão grafadas em vermelho. As formas fracas e fortes com mesmo sentido estão separadas por barras, as formas que apresentam diferença de sentido estão separadas por uma linha pontilhada. Na coluna "Observações" são encontradas informações e notas úteis. Nela também constarão formas do *Imperativ* que sofrem mudança de vogal semelhante à do *Präsens* (**e, ä → i, ie**). Particularidades fonéticas só serão indicadas quando não constarem do modelo de conjugação correspondente.

Legenda das abreviaturas e símbolos

↻	Indicação do modelo de conjugação	K → KK	A consoante é duplicada quando a vogal do radical passa de longa para breve (ver p. 25)
→ ▢	Mudança de sentido entre formas fracas e fortes ou conforme o emprego de *haben* ou *sein*; para detalhes, deve-se procurar um dicionário	KK → K	A consoante dupla passa para simples quando a vogal do radical passa de breve para longa (ver p. 25)
i. **-e-**	Inclusão de um **-e-** na 2ª e na 3ª pessoas do singular do *Präsens* e nas formas do *Präteritum* (ver pp. 23 e 24)	m.v.	Mudança de vogal no *Präsens* (ver p. 8)
e. **-s-**	Exclusão do **-s-** na desinência da 2ª pessoa do singular do *Präsens* (ver p. 24)		

	Infinitiv	Präsens	Präteritum	Perfekt	Konjunktiv II	Observações
92	**backen** ↻ 87 / 4	ich backe du bäckst / backst du backst	du bukst* / backtest du backtest	hat gebacken hat gebackt	du bükest* / backtest du backtest	* obsoleto → ▢
93	**dingen** ↻ 5 / 4	ich dinge du dingst	du dangst* / dingtest	hat gedungen / gedingt*	du dängest* / dingtest	* raro
94	**dünken** ↻ 4	mich / mir* dünkt	mich / mir dünkte / deuchte**	hat gedünkt / gedeucht**	—	só impessoal * mais raro; ** obsoleto

	Infinitiv	Präsens	Präteritum	Perfekt	Konjunktiv II	Observações
95	**erkiesen** ⇨ 86/4	ich erkiese du erkies(es)t	du erkorst / erkiestest	hat erkoren	—	além disso só usado no *Präteritum* e no *Partizip II*
96	**erlöschen** ⇨ 71	ich erlösche du erlischst	du erloschst*	ist erloschen*	du erlöschest	m. v.; * **o** breve no *Präteritum* e *Partizip II*, erlisch!
97	**gären** ⇨ 31/4	ich gäre du gärst	du gorst / gärtest	hat / ist gegoren hat / ist gegärt	du görest / gärtest	
		du gärst	du gärtest	hat gegärt	du gärtest	↑ 🗔
98	**gebären** ⇨ 5	ich gebäre du gebärst / gebierst*	du gebarst	hat geboren	du gebärest	* linguagem literária; m. v.; gebäre! / gebier!*
99	**genesen** ⇨ 55	ich genese du genest	du genasest	ist genesen	du genäsest	
100	**glimmen** ⇨ 5/4	ich glimme du glimmst	du glommst / glimmtest	hat geglommen / geglimmt	du glömmest / glimmtest	
101	**hauen** ⇨ 4	ich haue du haust	du hautest / hiebst*	hat gehauen / gehaut**	du hautest	* linguagem literária; ** variante regional
102	**klimmen** ⇨ 5/4	ich klimme du klimmst	du klommst / klimmtest	ist geklommen / geklimmt	du klömmest / klimmtest	
103	**mahlen** ⇨ 4	ich mahle du mahlst	du mahltest	hat gemahlen	du mahltest	

104	**melken** ↻ 29/4	ich melke du milkst*/mekst	du molkst*/ melktest	hat gemolken/ gemelkt	du mölkest*/ melktest	*raro; milk! */ melk(e)!
105	**pflegen** ↻ 4/44	ich pflege du pflegst	du pflegtest	hat gepflegt	du pflegtest	
		du pflegst	du pflogst	hat gepflogen	du pflögest	→ 📖
106	**quellen** ↻ 29/4	ich quelle du quillst	du quollst	ist gequollen	du quöllest	quill!
		du quellst	du quelltest	hat gequellt	du quelltest	→ 📖; quell(e)!
107	**salzen** ↻ 4	ich salze du salzt	du salztest	hat gesalzen	du salztest	e. -s-
108	**schaffen** ↻ 87/4	ich schaffe du schaffst	du schufst	hat geschaffen	du schüfest	não há mudança de vogal; KK → K
		du schaffst	du schafftest	hat geschafft	du schafftest	→ 📖
109	**schallen** ↻ 5/4	ich schalle du schallst	du schollst*/ schalltest	hat geschallt	du schöllest*/ schalltest	* raro
110	**scheren** ↻ 44/4	ich schere du scherst	du schorst/ scherest*	hat geschoren/ geschert*	du schörest/ scherest*	* raro
		du scherst	du schertest	hat geschert	du schertest	→ 📖
111	**schinden** ↻ 5/4	ich schinde du schindest	du schundest/ schindetest	hat geschunden	du schündest/ schindetest*	i. -e-; * raro
112	**schleißen** ↻ 20/4	ich schleiße du schleißt	du schlissest/ schleißtest	hat geschlissen/ geschleißt	du schlissest/ schleißtest	

101

Infinitiv	Präsens	Präteritum	Perfekt	Konjunktiv II	Observações
113 **schnauben** ↻ 67/4	ich schnaube du schnaubst	du schnobst* / schnaubtest	hat geschnoben* / geschnaubt	du schnöbest* / schnaubtest	* raro
114 **schrecken** ↻ 30/4	ich schrecke du schrickst / schreckst	du schrakst / schrecktest	hat geschreckt	du schräkest / schrecktest	schrick! / schrecke!
	du schreckst	du schrecktest	hat geschreckt	du schrecktest	→ 🕮; schrecke!
115 **schwellen** ↻ 29/4	ich schwelle du schwillst	du schwollst	ist geschwollen	du schwöllest	schwill!
	du schwellst	schwelltest	hat geschwellt	du schwelltest	→ 🕮; schwell(e)!
116 **spalten** ↻ 4	ich spalte du spaltest	du spaltetest	hat gespalten	du spaltetest	i. -e-
117 **stecken** ↻ 30/4	ich stecke du steckst	du stecktest	hat gesteckt	du stecktest	não há m. v.
	du steckst	du stakst* / stecktest	hat gesteckt	du stäkest* / stecktest	→ 🕮; * linguagem literária
118 **triefen** ↻ 64/4	ich triefe du triefst	du troffst* / trieftest	hat getroffen* / getrieft	du tröffest* / trieftest	K → KK; * linguagem literária
119 **weben** ↻ 44/4	ich webe du webst	du wobst	hat gewoben	du wöbest	🕮
	du webst	du webtest	hat gewebt	du webtest	→

Lista de verbos em ordem alfabética

Segue-se uma lista, em ordem alfabética, dos principais verbos fracos e fortes alemães. Ao lado de cada verbo consta o número do verbo deste livro cujo modelo de conjugação ele segue. Esses verbos-modelo estão grafados em vermelho.

Os verbos cujos tempos compostos são conjugados com auxílio do verbo *sein* e ou com *sein* e *haben* estão devidamente indicados. Todos os demais verbos e todas as formas reflexivas são conjugados com o auxiliar *haben*.

Nos verbos que só são empregados como reflexivos, depois do *Infinitiv* consta o pronome *sich*. Nos verbos que podem ser reflexivos ou não, o *sich* aparece entre parênteses. Neste caso, *sich*^A significa que o pronome está no acusativo (verbo-modelo n.º 7); *sich*^D significa que o pronome está no dativo (verbo-modelo n.º 8).

Os verbos com prefixo separável são indicados por um ponto entre o prefixo e o verbo (verbos-modelo n.º 6 e p. 10). No lugar do ponto, no *Partizip II* – quando ele existe –, insere-se o *-ge-*.

Legenda dos símbolos e abreviaturas:
- →📖 Atenção, diferença de sentido! Consultar dicionário.
- * grafia antiga (anterior à reforma ortográfica).
- *etw.* *etwas* (um pouco)
- *ge* *Partizip* construído sem ge- (ver p. 10)
- KII Vogal do radical do *Konjunktiv II*
- PII *Partizip II*
- Präs. *Präsens*
- reg. forma de emprego regional
- *sich*^A pronome reflexivo no acusativo (ver p. 19)
- *sich*^D pronome reflexivo no dativo (ver p. 20)
- unpers. *unpersönliches Verb* (verbo impessoal)

A

ab•arbeiten	**4**, 11
ab•bauen	**4**
ab•bekommen, *ge*	48
ab•bezahlen, *ge*	4
ab•biegen, sein	88
ab•bilden	**4**, 11
ab•brechen	**25**
ab•brennen, haben + sein →📖	47
ab•bringen	**26**
ab•fahren, sein	82
ab•fangen	**33**
ab•fragen	**4**
ab•gewöhnen, (sich^D ~), *ge*	4
ab•hängen	**4**
ab•heben	44
ab•helfen	46
ab•holen	**4**
ab•hören	**4**
ab•kürzen	**4**, 14
ab•laufen, haben + sein →📖	52
ab•lehnen	**4**
ab•lenken	**4**
ab•liefern	**4**, 15
ab•machen	4
ab•melden, (sich^A ~)	**4**, 11
ab•nehmen	**61**
ab•raten	63
ab•rechnen	**4**, 13
ab•reisen, sein	**4**, 14
ab•sagen	**4**
ab•schaffen	**4**
ab•schalten	**4**, 11
ab•schließen	35
ab•schwächen, (sich^A ~)	**4**
ab•senden	73
ab•setzen	**4**, 14
ab•stammen	**4**
ab•steigen, sein	**24**
ab•stellen	**4**
ab•stimmen	**4**
ab•stoßen, haben + sein →📖	**81**
ab•stürzen, sein	**4**, 14
ab•trocknen, (sich^A ~)	**4**, 13
ab•warten	**4**, 11
ab•waschen	87
ab•wechseln, (sich^A ~)	**4**, 15
ab•zahlen	**4**
ab•ziehen, haben + sein →📖	91
achten	**4**, 11
Acht geben	36
acht•geben*	36
ahnen	**4**
amüsieren, (sich^A ~)	18
analysieren	18
an•bauen	**4**
an•bieten	21
an•binden	34
ändern, (sich^A ~)	**4**, 15
an•fangen	33
an•fassen	**4**, 14
an•geben	36
an•gehen, haben + sein →📖	37
an•greifen	**41**
ängstigen, (sich^A ~)	**4**
an•haben	1
an•halten	42
an•hören	**4**
an•klagen	**4**
an•klopfen	**4**
an•kommen, sein	48
an•machen	**4**
an•melden, (sich^A ~)	**4**, 11
an•nehmen	**61**
an•probieren	18
an•reden	**4**, 11
an•richten	**4**, 11
an•rufen	65
an•schaffen, (sich^D etw. ~)	4

103

an•schalten **4**, 11	auf•wachen, sein 4	beantragen, ge 4
an•schauen 4	auf•wachsen, sein	beantworten, ge . . 4, 11
an•schließen, (sich^A ~),	. . . . 13, 14, 87	bearbeiten, ge 4, 11
haben + sein → 📖 . . 35	auf•wecken 4	bedanken, sich^A ~, ge . . 4
an•schnallen, (sich^A ~) . **4**	auf•ziehen 91	bedauern, ge 4, 15
an•schwellen, sein . . . **29**	aus•bilden **4**, 11	bedeuten, ge 4, 11
an•sehen 72	aus•bleiben, sein 24	bedienen, (sich^A ~), ge . . 4
an•sprechen 25	aus•breiten, (sich^A ~) . **4**, 11	bedingen, ge 4
an•stehen 78	aus•denken, sich^A ~ . . 27	bedrohen, ge 4
an•steigen, sein 24	aus•drücken, (sich^A ~) . . 4	beeilen, sich^A ~, ge . . . 4
an•stellen **4**	auseinander fallen, sein 32	beeindrucken, ge 4
an•stoßen, haben +	auseinander setzen,	beeinflussen, ge . . . 4, 14
sein → 📖 **81**	(sich^A ~) **4**, 14	beenden, ge 4, 11
an•strengen, (sich^A ~) . **4**	auseinander•fallen*, sein **32**	befassen, (sich^A ~), ge
an•treffen 83	auseinander•setzen*,	. . . . 4, 14
an•tun, (sich^D etw. ~) . 85	(sich^A ~) **4**, 14	befehlen, ge, KII: nur ö . 79
antworten **4**, 11	aus•fallen, sein 32	befestigen, ge 4
an•wenden 11, 73	aus•füllen 4	befinden, (sich^A ~), ge . 34
an•ziehen, (sich^A ~) . . **91**	aus•geben 36	befolgen, ge 4
an•zünden **4**, 11	aus•gehen, sein 37	befreien, ge 4
arbeiten **4**, 11	aus•gleichen 39	befürchten, ge 4, 11
ärgern, (sich^A ~) . . **4**, 15	aus•halten 42	begeben, sich^A ~, ge . 36
atmen **4**, 13	aus•kennen, sich^A ~ . . 47	begegnen, sein, ge . 4, 13
auf•bauen **4**	aus•lachen 4	begeistern, (sich^A ~), ge
auf•bewahren 4	aus•laufen, sein 52	. . . . 4, 15
auf•brechen, haben +	aus•leihen 54	beginnen ge 19
sein → 📖 25	aus•liefern **4**, 15	begleiten, ge 4
auf•fallen, sein 32	aus•lösen **4**, 14	begreifen, ge 41
auf•fangen **33**	aus•machen 4	begründen, ge 4, 11
auf•fordern **4**, 15	aus•nutzen **4**, 14	begrüßen, ge 4, 14
auf•führen **4**	aus•packen 4	behalten, ge 42
auf•geben 36	aus•rechnen **4**, 13	behandeln, ge 4, 15
auf•haben **1**	aus•reichen 4	behaupten, ge 4, 11
auf•halten, (sich^A ~) . 42	aus•richten **4**, 11	beherrschen, ge 4
auf•hängen 43	aus•ruhen, sich^A ~ . . . 4	behindern, ge 4, 15
auf•heben 44	aus•schalten **4**, 11	behüten, ge 4, 11
auf•hören 4	aus•schließen 35	beichten **4**, 11
auf•legen 4	aus•sehen 72	beißen 20
auf•lösen **4**, 14	aus•sprechen 25	bei•tragen 82
auf•machen 4	aus•steigen, sein . . . **24**	bekämpfen, ge 4
auf•nehmen 61	aus•stellen 4	bekannt geben 36
auf•passen **4**, 14	aus•stoßen 81	bekannt•geben* 36
auf•räumen 4	aus•suchen, (sich^D etw. ~)	beklagen, (sich^A ~), ge . 4
auf•regen, (sich^A ~) . . . 4	 6	bekommen, ge 48
auf•richten, (sich^A ~) . **4**, 11	aus•teilen **4**	beladen, ge 50
auf•rufen 4	aus•tragen 82	belagern, ge 4, 15
auf•schieben 88	aus•üben 4	belasten, ge 4, 11
auf•schlagen, haben +	aus•wählen 4	belästigen, ge 4
sein → 📖 82	aus•wechseln **4**, 15	beleidigen, ge 4
auf•schließen 35	aus•wirken, sich^A ~ . . 4	bellen 4
auf•schreiben 24	aus•zeichnen, (sich^A ~) **4**, 13	belohnen, ge 50
auf•setzen **4**, 14	(sich^A ~) **4**, 13	bemerken, ge 4
auf•stehen, sein 78	aus•ziehen, (sich^A ~),	bemitleiden, ge . . . 4, 11
auf•steigen, sein 24	haben + sein → 📖 . . 91	bemühen, (sich^A ~), ge . 4
auf•stellen 4		benachrichtigen, ge . . . 4
auf•stoßen, haben +	**B**	benehmen, sich^A ~, ge . 61
sein → 📖 81	backen 92	benötigen, ge 4
auf•suchen 4	baden **4**, 11	benutzen, ge 4, 14
auf•tauen, haben +	bauen 4	beobachten, ge 4
sein → 📖 4	beachten, ge 4, 11	beraten, ge 63
auf•treten, sein 84		bereiten, ge 4, 11

bereuen, *ge* 4	bewundern, *ge* . . . 4, 15	diskutieren 18
bergen 25	bezahlen, *ge* 4	donnern **4**, 15
berichten, *ge* 4, 11	bezeichnen, *ge* . . . 4, 13	drängen 4
berichtigen, *ge* 4	beziehen, (sich^A ~), *ge* . 91	dran•kommen, sein . . 48
bersten, sein,	bezweifeln, *ge* . . . 4, 15	drehen, (sich^A ~) 4
Präs.: du/er birst . . . **25**	bezwingen, *ge* 77	dreschen 29
berücksichtigen, *ge* . . . 4	biegen 88	dringen, haben +
berufen, (sich^A ~), *ge* . 65	bieten 21	sein → 📖 77
beruhigen, (sich^A ~), *ge* 4	bilden **4**, 11	drohen 4
berühren, *ge* 4	binden, (sich^A ~) 34	drucken 4
beschädigen, *ge* 4	bitten 22	drücken 4
beschäftigen, (sich^A ~),	blasen 23	duften **4**, 11
ge 4	bleiben, sein 24	dulden **4**, 11
beschimpfen, *ge* 4	bleichen, haben +	dünken 94
beschleunigen, *ge* . . . 4	sein → 📖 4/39	durch•brechen, haben +
beschließen, *ge* 35	blicken 4	sein → 📖 25
beschmutzen, *ge* . . 4, 14	blitzen **4**, 14	durchbrechen, *ge* . . . 25
beschränken,	blockieren 18	durch•bringen 26
(sich^A ~), *ge* 4	blühen 4	durcheinander bringen . 26
beschreiben, *ge* 24	bluten **4**, 11	durcheinander•bringen* **26**
beschuldigen, *ge* 4	bohren 4	durchfahren, *ge* 82
beschützen, *ge* . . . 4, 14	borgen 4	durch•fahren, sein . . . 82
beschweren,	braten 63	durch•fallen, sein . . . 32
sich^A ~, *ge* 4	brauchen **4**	durch•geben 36
beseitigen, *ge* 4	brechen, (sich^D etw. ~/sich^A ~),	durch•halten 42
besetzen, *ge* 4, 14	haben + sein → 📖 . . 25	durch•lassen 51
besichtigen, *ge* 4	bremsen **4**, 14	durchlaufen, *ge*, haben +
besiegen, *ge* 4	brennen 47	sein → 📖 52
besitzen, *ge* 75	bringen 26	durch•laufen, ... 52
besorgen,	brüllen 4	durch•lesen 55
(sich^D etw. ~), *ge* . . . 4	buchen 4	durchschauen, *ge* 4
besprechen, *ge* 25	buchstabieren 18	durch•schauen 4
bessern, sich^A ~ . . . **4**, 15	bücken, sich^A ~ 4	durch•sehen 72
bestätigen, (sich^A ~), *ge* . 4	bügeln **4**, 15	durchsetzen, sein, *ge* 4, 14
bestehen, *ge* 78	bürsten **4**, 11	durch•setzen, (sich^A ~) **4**, 14
bestellen, *ge* 4	büßen **4**, 14	durch•streichen 39
bestimmen, *ge* 4		durchsuchen, *ge* 4
bestrafen, *ge* 4	**C**	durch•suchen 4
besuchen, *ge* 4		dürfen 28
beteiligen, (sich^A ~), *ge* . 4	charakterisieren 18	duschen, (sich^A ~) 4
beten **4**, 11		
betrachten, *ge* 4, 11	**D**	**E**
betragen, *ge* 82		
betreffen, *ge* 83	da sein, sein 2	ehren 4
betreten, *ge* 84	dabei sein, sein 2	eignen, sich^A ~ . . . **4**, 13
betreuen, *ge* 4	dabei•sein*, sein 2	ein•arbeiten **4**, 11
betrügen, *ge* 57	dämmern **4**, 15	ein•atmen **4**, 13
beugen, (sich^A ~) 4	danken 4	ein•bilden, sich^D ~ . **4**, 11
beunruhigen, (sich^A ~),	dar•stellen 4	ein•brechen, haben +
ge 4	da•sein*, sein 2	sein → 📖 25
beurteilen, *ge* 4	dauern **4**, 15	ein•dringen, sein 77
bevorzugen, *ge* 4	dazu•gehören, *ge* 4	ein•fallen, sein 32
bewachen, *ge* 4	dazwischen•kommen,	ein•frieren, haben +
bewahren, *ge* 4	sein 48	sein → 📖 86
bewältigen, *ge* 4	dehnen, (sich^A ~) 4	ein•fügen 4
bewegen, (sich^A ~), *ge* . 4	demonstrieren 18	ein•führen 4
beweisen, *ge* 62	denken 27	ein•greifen 41
bewerben, (sich^A ~), *ge* . 80	dichten **4**, 11	ein•halten 42
bewirken, *ge* 4	dienen 4	ein•hängen 4
bewohnen, *ge* 4	diktieren 18	einigen, sich^A ~ 4
bewölken, sich^A ~, *ge* . . 4	dingen 93	ein•kaufen 4

ein•kehren, sein 4	erarbeiten, *ge* . . 4, 11	erzeugen, *ge* 4
ein•laden 50	erbauen, *ge* 4	erziehen, *ge* 91
ein•leben, sich^A ~ . . . 4	erben 4	erzielen, *ge* 4
ein•leiten **4**, 11	erblicken, *ge* 4	erzwingen, *ge* 77
ein•leuchten **4**, 11	ereignen, sich^A ~, *ge* . 4, 13	essen, *PII:* gegessen . . 58
ein•mischen, sich^A ~ . . 4	erfahren, *ge* 82	existieren, *ge* 4
ein•packen 4	erfinden, *ge* 34	
ein•reden **4**, 11	erfordern, *ge* 4, 15	**F**
ein•reisen, sein . . . **4**, 14	erforschen, *ge* 4	
ein•richten **4**, 11	erfrieren, sein, *ge* . . 86	fahren, haben +
ein•schalten, (sich^A ~) **4**, 11	erfüllen, (sich^A ~), *ge* . 4	sein → 🕮 82
ein•schlafen, sein . . . 68	ergänzen, *ge* 4, 14	**fallen**, sein **32**
ein•schlagen, haben +	ergeben, *ge* 36	fälschen 4
sein → 🕮 82	ergehen, sein, *ge* . . . 37	falten **4**, 11
ein•schließen, (sich^A ~) . 35	erhalten, *ge* 42	**fangen** **33**
ein•schränken, (sich^A ~) . 4	erhöhen, (sich^A ~), *ge* . 4	fassen **4**, 14
ein•sehen 72	erholen, sich^A ~, *ge* . . 4	fasten **4**, 11
ein•setzen, (sich^A ~) . **4**, 14	erinnern, (sich^A ~), *ge* 4, 15	faulenzen **4**, 14
ein•steigen, sein . . . 24	erkälten, sich^A ~ , *ge* . 4, 11	faxen **4**, 14
ein•stellen, (sich^A ~) . . 4	erkennen, *ge* 47	fechten 11, **29**
ein•stürzen, sein . . **4**, 14	**erkiesen** **95**	fegen 4
ein•tauschen 4	erklären, *ge* 4	fehlen 4
ein•tragen 82	erkundigen, sich^A ~, *ge* 4	fehl•schlagen, sein . . . 82
ein•treffen, sein 83	erlassen, *ge* 51	feiern **4**, 15
ein•treten, sein 84	erlauben, *ge* 4	fern•sehen 72
ein•wandern, sein . . **4**, 15	erleben, *ge* 4	fertigen 4
ein•wenden 4/73	erledigen, *ge* 4	fest•halten, (sich^A ~) . . 42
ein•werfen 80	erleichtern, *ge* . . . 4, 15	festigen 4
ein•willigen 4	erlernen, *ge* 4	fest•legen, (sich^A ~) . . 4
ein•zahlen 4	**erlöschen**, sein, *ge* . . **96**	fest•machen 4
ein•ziehen, haben +	ermahnen, *ge* 4	fest•nehmen 61
sein → 🕮 91	ermöglichen, *ge* . . . 4	fest•stellen 4
ekeln, sich^A ~ **4**, 15	ermüden, haben +	filmen 4
empfangen, *ge* 33	sein → 🕮, *ge* . . . 4, 11	**finden** **34**
empfehlen, *ge* 79	ermutigen, *ge* 4	fischen 4
empfinden, *ge* 34	ernähren, (sich^A ~), *ge* . 4	flattern, haben +
empören, sich^A ~ . . . 4	erneuern, *ge* 4, 15	sein → 🕮 **4**, 15
enden **4**, 11	ernten **4**, 11	flechten 11, 29
entdecken, *ge* 4	eröffnen, *ge* 4, 13	flehen 4
entfernen, *ge* 4	erraten, *ge* 63	flicken 4
entführen, *ge* 4	erreichen, *ge* 4	fliegen, haben +
enthalten, *ge* 42	errichten, *ge* 4, 11	sein → 🕮 88
entlassen, *ge* 51	erschallen, sein, *ge* . 4/109	fliehen, sein 88
entlaufen, sein, *ge* . . 52	erscheinen, sein, *ge* . . 24	fließen, sein 35
entleihen, *ge* 54	**erschrecken,** (sich^A ~),	fluchen 4
entmutigen, *ge* 4	*ge* **30**	flüchten, (sich^A ~), sein . **4**, 11
entnehmen, *ge* . . . 61	ersetzen, *ge* 4, 14	flüstern **4**, 15
entrichten, *ge* . . . **4**, 11	ersparen, (sich^D etw. ~),	folgen, haben +
entschädigen, *ge* . . . 4	*ge* 4	sein → 🕮 4
entscheiden, (sich^A ~),	erstatten, *ge* 4, 11	folgern **4**, 15
ge **4**, 11	erstaunen, *ge* 4	fördern **4**, 15
entschließen, (sich^A ~),	ersticken, *ge* 4	fordern **4**, 15
ge 35	erstrecken, sich^A ~, *ge* . 4	formen 4
entschuldigen, (sich^A ~),	erteilen, *ge* 4	forschen 4
ge 4	ertragen, *ge* 82	fort•führen 4
entspannen, sich^A ~, *ge* 4	ertrinken, sein, *ge* . . 77	fort•pflanzen, sich^A ~ . **4**, 14
entsprechen, *ge* . . . 25	**erwägen** **31**	fort•setzen **4**, 14
entstehen, sein, *ge* . . 78	erwarten, *ge* 4, 11	fotografieren 18
enttäuschen, *ge* . . . 4	erweitern, *ge* 4, 15	fragen 4
entwerfen, *ge* 80	erwidern, *ge* 4, 15	frei•lassen 51
entwickeln, *ge* . . . 4, 15	erzählen, *ge* 4	fressen 58

freuen, sich^A ~ 4	grüßen **4**, 14	horchen 4
frieren 86	gucken 4	hören 4
frühstücken 4	gurgeln **4**, 15	hungern **4**, 15
fügen, (sich ~) 4	gut tun 85	hupen 4
fühlen 4	gut•heißen 45	hüpfen, sein 4
führen 4	gut•tun* 85	husten **4**, 11
füllen 4		hüten, (sich^A ~) . . . **4**, 11
funktionieren 18	**H**	
fürchten, (sich^A ~) . **4**, 11	haben 1	**I**
füttern **4**, 15	haften **4**, 11	ignorieren 18
	hageln **4**, 15	impfen 4
G	halten, (sich^A ~) . . . 42	importieren 18
gähnen 4	hämmern **4**, 15	informieren, (sich^A ~) . . 18
garantieren 18	handeln, (sich^A ~) . **4**, 15	inne•haben 1
gären, haben +	handhaben 4	integrieren, (sich^A ~) . 18
sein → 📖 97	hängen 43	interessieren, (sich^A ~) **18**
gebären, ge 98	hassen **4**, 14	interviewen, ge 4
geben 36	hasten, sein **4**, 11	irre•führen 4
gebrauchen, ge 4	hauen 101	irren, (sich^A ~), haben +
gedeihen, sein, ge . . 54	häufen, (sich^A ~) . . . 4	sein → 📖 4
gefährden, ge . . . **4**, 11	heben 44	
gefallen, ge 32	heilen 4	**J**
gehen, sein 37	heim•kehren, sein . . . 4	
gehorchen, ge 4	heiraten **4**, 11	jagen 4
gehören, ge 4	heißen 45	jammern **4**, 15
geizen **4**, 14	heizen **4**, 14	jubeln **4**, 15
gelangen, sein, ge . . . 4	helfen 46	jucken 4
geleiten, ge **4**, 11	hemmen 4	
gelingen, sein, ge . . 77	heraus•fordern . . . **4**, 15	**K**
gelten 38	heraus•geben 36	kämmen 4
genehmigen, ge 4	herein•fallen, sein . 32	kämpfen 4
genesen, sein, ge . . . 99	herrschen 4	kassieren **18**
genießen, ge 35	her•stellen 4	kauen 4
genügen, ge 4	herum•gehen, sein . . 37	kaufen 4
geraten, sein, ge . . 63	herum•treiben, (sich^A ~) 24	kehren 4
geschehen, sein, ge . 72	hervor•bringen . . . 26	keimen 4
gestalten, ge . . . **4**, 11	hervor•rufen 65	kennen lernen 4
gestatten, ge . . . **4**, 11	hetzen **4**, 14	kennen 47
gestehen, ge 78	heucheln **4**, 15	kennen•lernen* 4
gewähren, ge 4	heulen 4	kennzeichnen **4**, 13
gewinnen, ge, KII: ö . 19	hinaus•werfen 80	kichern **4**, 15
gewöhnen, (sich^A ~), ge 4	hinaus•zögern . . . **4**, 15	kippen 4
gießen 34	hindern **4**, 15	klagen 4
glänzen **4**, 14	hinein•legen 4	klappen 4
glätten, (sich^A ~) . **4**, 11	hin•fallen, sein . . 32	klappern **4**, 15
glauben 4	hin•führen 4	klären 4
gleichen 39	hin•halten 42	klauen 4
gleiten, sein 40	hinken, haben +	kleben 4
gliedern, (sich^A ~) . **4**, 15	sein → 📖 4	kleiden, (sich^A ~) . **4**, 11
glimmen 100	hin•legen, (sich^A ~) . . 4	klemmen 4
glücken, sein 4	hin•setzen, (sich^A ~) . **4**, 14	klettern, sein . . . **4**, 15
glühen 4	hintergehen, ge . . 37	klicken 4
graben 82	hinterlassen, ge . . 51	klimmen, sein . . . 101
gratulieren 18	hin•weisen 62	klingeln **4**, 15
greifen 41	hoch•heben 44	klingen 77
grenzen **4**, 14	hocken, haben +	klopfen 4
grollen 4	sein (reg.) → 📖 . . . 4	knabbern **4**, 15
grübeln **4**, 15	hoffen 4	knallen 4
gründen **4**, 11	holen 4	kneifen 41
grünen 4	hopsen, sein **4**, 14	

kneten **4**, 11	lesen 55	müssen 60
knicken 4	leuchten **4**, 11	mutmaßen **4**, 14
knien, haben + sein (reg.) → 📖 . . . 4	lieben 4	
	liefern **4**, 15	**N**
knistern **4**, 15	liegen 56	nach•ahmen 4
knoten **4**, 11	lindern **4**, 15	nach•denken 27
knüpfen 4	loben 4	nach•forschen 4
kochen 4	locken 4	nach•fragen 4
kommandieren . . . 18	lohnen, (sich^A ~) . . . 4	nach•geben 36
kommen, sein 48	löschen 4	nach•holen 4
können 49	lösen, (sich^A ~) . . **4**, 14	nach•lassen 51
kontrollieren 18	los•lassen 51	nach•schlagen . . . 82
konzentrieren, (sich^A ~) . 18	lüften **4**, 11	nach•weisen 62
korrigieren **18**	lügen 57	nagen 4
kosten **4**, 11	lutschen 4	nähen 4
krachen 4		nähern, (sich^A ~) . **4**, 15
krähen 4	**M**	nehmen 68
kränken 4	machen 4	neigen, (sich^A ~) . . . 4
kratzen **4**, 14	mähen 4	nennen 47
kreisen, sein . . . **4**, 14	mahlen 103	nicken 4
kreuzen **4**, 14	mahnen 4	nieder•lassen **51**
kriechen, sein 64	malen 4	niesen **4**, 14
kriegen 4	mangeln **4**, 15	nippen 4
krümmen, (sich^A ~) . . 4	markieren 18	nörgeln **4**, 15
kühlen 4	marschieren, sein . . 18	notieren 18
kümmern, (sich^A ~) . **4**, 15	maskieren 18	nötigen 4
kündigen 4	mäßigen 4	numerieren* 18
kürzen **4**, 14	meckern **4**, 15	nummerieren **18**
küssen **4**, 14	meiden 11, 24	nützen, (sich^D ~) . . **8**, 14
	meinen 4	
L	meistern **4**, 15	**O**
lächeln **4**, 15	melden, (sich^A ~) . **4**, 11	öffnen, (sich^A ~) . . **4**, 13
lachen 4	melken 104	ölen 4
laden 50	merken, (sich^A ~) . . . 4	operieren 18
lagern **4**, 15	messen 58	opfern **4**, 15
lähmen 4	mieten **4**, 11	ordnen **4**, 13
landen, sein . . . **4**, 11	mildern **4**, 15	organisieren 18
langweilen, (sich^A ~) . . 4	mindern **4**, 15	orientieren, (sich^A ~) . . 18
lassen 51	mischen 4	
lauern **4**, 15	missachten, ge . . **4**, 11	**P**
laufen, sein 52	missbrauchen, ge . . . 4	paaren, (sich^A ~) . . . 4
lauschen 4	missen **4**, 14	pachten **4**, 11
lauten **4**, 11	misshandeln, ge . . **4**, 15	packen 4
läuten **4**, 11	misslingen, sein, ge . 77	parken 4
leben 4	misstrauen, ge 4	passen **4**, 14
lecken 4	missverstehen, ge . . 78	passieren, sein . . . 18
leeren 4	mit•bringen 26	pfeifen 41
legen 4	mit•kommen, sein . . 48	pflanzen **4**, 14
lehnen, (sich^A ~) . . . 4	mit•nehmen 61	pflastern **4**, 15
lehren 4	mit•reißen 20	pflegen 105
leicht fallen, sein . . 32	mit•teilen 4	pflücken 4
leicht•fallen*, sein . . 32	mit•wirken 4	pfuschen 4
Leid tun 85	mixen **4**, 14	photographieren* . . 18
leiden 53	mogeln **4**, 15	pilgern, sein . . . **4**, 15
leid•tun* 85	mögen 59	plagen 4
leihen 54	morden **4**, 11	planen 4
leisten **4**, 11	mühen, sich^A ~ . . . 4	plappern **4**, 15
leiten **4**, 11	münden, sein . . **4**, 11	platzen, sein . . . **4**, 14
lenken 4	murmeln **4**, 15	
lernen 4	murren 4	

plündern **4**, 15	reparieren 18	schieben 88
prahlen 4	reservieren 18	schießen 35
präsentieren 18	resultieren 18	schildern **4**, 15
predigen 4	retten **4**, 11	schimmeln, haben +
preisen 62	richten **4**, 11	sein → 📖 **4**, 15
pressen **4**, 14	riechen 64	schimpfen 4
proben 4	ringen 77	schinden 111
probieren 18	rinnen, sein 19	schlachten **4**, 11
produzieren 18	riskieren 18	schlafen 68
protestieren 18	rodeln, haben +	schlagen, (sich^A ~),
prüfen 4	sein → 📖 **4**, 15	haben + sein → 📖 . . 82
prügeln **4**, 15	rollen, haben +	schlängeln, sich^A ~ . **4**, 15
pumpen 4	sein → 📖 4	schleichen, sein **38**
pusten **4**, 11	rosten, haben +	schleifen 4/41
putzen **4**, 14	sein → 📖 **4**, 11	schleißen 112
	rösten **4**, 11	schlendern, sein . . **4**, 15
Q	rücken, haben +	schleudern, haben +
	sein → 📖 4	sein → 📖 **4**, 15
quälen, (sich^A ~) . . . 4	rück•fragen 4	schließen 35
qualmen 4	rudern, haben +	schlingen 77
quatschen 4	sein → 📖 **4**, 15	schluchzen **4**, 14
quellen, haben +	rufen 65	schlucken 4
sein → 📖 106	ruhen 4	schlüpfen, sein 4
quetschen, (sich^A ~) . . 4	rühren 4	schmälern **4**, 15
quietschen 4	rutschen, sein 4	schmecken 4
	rütteln **4**, 15	schmeicheln **4**, 15
R		schmeißen 20
	S	schmelzen, haben +
rächen, (sich^A ~) . . . 4		sein → 📖 69
Rad fahren, haben +	säen 4	schmerzen **4**, 14
sein → 📖 82	sägen 4	schmieden **4**, 11
rad•fahren*, haben +	sagen 4	schminken 4
sein → 📖 82	salzen 107	schmücken 4
rasen, haben +	sammeln **4**, 15	schmuggeln **4**, 15
sein → 📖 **4**, 14	sättigen 4	schmunzeln **4**, 15
rasieren, (sich^A ~) . . . 18	säubern 4, 15	schnüren 4
rasten **4**, 11	saufen 66	schnarchen 4
raten 63	saugen 67	schnauben 113
rauben 4	säumen 4	schneiden, (sich^{A+D} ~) . 53
rauchen 4	schaden **4**, 11	schneidern **4**, 15
räumen 4	schaffen, haben +	schneien 4
rauschen 4	sein → 📖 108	schnitzen **4**, 14
reagieren 18	schälen 4	schnuppern **4**, 15
rechnen **4**, 13	schallen 108	schonen, (sich^A ~) . . . 4
rechtfertigen, (sich^A ~) . 4	schalten **4**, 11	schrauben 4
reden **4**, 11	schämen, sich^A ~ 4	schrecken 114
regeln **4**, 15	schärfen 4	schreiben **24**
regen, (sich^A ~) 4	schauen 4	schreien 70
regieren 18	schaufeln **4**, 15	schreiten, sein 40
regnen, unpers. . . . **4**, 13	schaukeln **4**, 15	schubsen **4**, 14
reiben 24	scheiden, haben +	schulden **4**, 11
reichen 4	sein → 📖 . . . 11, 24	schütteln, (sich^A ~) . **4**, 15
reifen, sein 4	scheinen 24	schütten **4**, 11
reinigen 4	scheitern, sein . . . **4**, 15	schützen, (sich^A ~) . **4**, 14
reisen, sein **4**, 14	schellen 4	schwächen 4
reißen, haben +	schelten, Kll: ö 38	schwanken, haben +
sein → 📖 **20**	schenken 4	sein → 📖 4
reiten, haben +	scheren 110	schwatzen **4**, 14
sein → 📖 **40**	scherzen **4**, 14	schweben, haben +
reizen **4**, 14	scheuen, (sich^A ~) . . . 4	sein → 📖 4
rennen, sein 47	schicken **4**	schweigen **24**

schwellen, haben + sein → 📖	stechen	25
	stecken	**117**
	stehen, haben +	
	sein (reg.) → 📖	**78**

schwellen, haben + sein → 📖 **115**	stechen 25	teil•nehmen 61
schwenken, haben + sein → 📖 4	**stecken** **117**	telefonieren 18
schwimmen, haben + sein → 📖 19	**stehen**, haben + sein (reg.) → 📖 . . . **78**	testen **4**, 11
schwindeln **4**, 15	stehen bleiben, sein . 24	tippen 4
schwinden, sein . . . 34	stehen•bleiben*, sein . 24	toben 4
schwingen, (sich^A ~) . 77	**stehlen** **79**	tönen 4
schwitzen **4**, 14	steigen, sein 24	töten **4**, 11
schwören **71**	steigern **4**, 15	tot•schlagen 82
segeln, haben + sein → 📖 **4**, 15	stellen 4	**tragen** **82**
segnen **4**, 13	**sterben**, sein **80**	trainieren 18
sehen **72**	steuern **4**, 15	trampeln, haben + sein → 📖 **4**, 15
sehnen, sich^A **7**	stieben, sein 88	tränken 4
sein, sein **2**	stiften **4**, 11	transportieren **18**
senden **73**	stil(l)•legen* 4	trauen, (sich^A ~) . . . 4
senken, (sich^A) 4	still•legen 4	träumen 4
servieren 18	stimmen 4	**treffen** **83**
setzen, (sich^A) . . . **4**, 14	stinken 77	treiben, haben + sein → 📖 24
seufzen **4**, 14	stocken 4	trennen, (sich^A ~) . . . 4
sichern **4**, 15	stöhnen 4	**treten**, haben + sein → 📖 **84**
sieben 4	stolpern, sein . . . **4**, 15	**triefen** **118**
sieden **74**	stopfen 4	trinken 77
siegen 4	stoppen 4	trocknen, haben + sein → 📖 **4**, 13
singen **5**	stören 4	trödeln **4**, 15
sinken, sein 34	**stoßen** **81**	trommeln 4, 15
sinnen 19	strafen 4	tropfen, haben + sein → 📖 4
sitzen **75**	strahlen 4	trösten **4**, 11
sollen **76**	streben, haben + sein → 📖 4	trotzen **4**, 14
sonnen, sich^A ~ . . . 4	strecken, (sich^A ~) . . . 4	trügen 57
sorgen, (sich^A ~) . . . 4	streichen 39	tummeln, sich^A ~ . **4**, 15
spalten **116**	streifen, haben + sein → 📖 4	**tun** **85**
sparen 4	streiken 4	turnen 4
spaßen **4**, 14	streiten, sich^A ~ . . . 40	
spazieren gehen, sein . 37	streuen 4	**U**
spazieren•gehen*, sein . 37	strömen, sein 4	
speien 70	studieren **18**	übel nehmen 61
speisen **4**, 14	stürmen, haben + sein → 📖 4	übel•nehmen* 61
spenden **4**, 11	stürzen, (sich^A ~), sein **4**, 14	üben, (sich^A ~) 4
sperren 4	stützen, (sich^A ~) . . **4**, 14	überanstrengen, (sich^A ~), *ge* 4
spielen **4**	suchen 4	überarbeiten, (sich^A ~), *ge* 4, 11
spinnen 19	sündigen 4	überbieten, *ge* 21
spitzen **4**, 14	süßen **4**, 14	überdenken, *ge* . . . 27
spotten **4**, 11		überfahren, *ge* 82
sprechen 25	**T**	überfallen, *ge* 32
sprengen 4		überfliegen, *ge* 88
sprießen, sein 35	tadeln **4**, 15	überfordern, *ge* . . 4, 15
springen, sein . . . **77**	tanken 4	übergehen, *ge* 37
spritzen **4**, 14	tanzen **4**, 14	überholen, *ge* 4
spucken 4	tarnen 4	überleben, *ge* 4
spülen 4	tauchen, haben + sein → 📖 4	überlegen, (sich^D ~), *ge* 4
spüren 4	tauen, haben + sein → 📖 4	übernachten, *ge* . . 4, 11
stammen 4	taugen 4	übernehmen, (sich^A ~), *ge* 61
stärken, (sich^A ~) . . . 4	tauschen 4	
starren 4	täuschen, (sich^A ~) . . . 4	überprüfen, *ge* 4
starten, haben + sein → 📖 **4**, 11	teilen 4	
statt•finden 34		
staunen 4		

überqueren, ge 4	verachten, ge 4, 11	vermögen, ge 59
überraschen, ge 4	verändern, (sichA ~), ge	vermuten, ge 4, 11
überreden, ge 4, 11	. . . . 4, 15	vernachlässigen, ge . . 4
überschätzen, ge . . 4, 14	verantworten, ge . . 4, 11	vernichten, ge 4, 11
überschneiden, sichA ~,	verärgern, ge 4, 15	veröffentlichen, ge . . 4
ge 53	verbergen, ge 80	verpacken, ge 4
überschwemmen, ge . . 4	verbessern, (sichA ~),	verpassen, ge . . . 4, 14
übersehen, ge 72	ge 4, 15	verraten, ge 63
über•setzen, haben +	verbieten, ge 21	verreisen, sein, ge . 4, 14
sein → 📖 4, 14	verbinden, ge 34	versammeln, (sichA ~),
übersetzen, ge . . . 4, 14	verbitten, sichD ~, ge . 22	ge 4, 15
überstehen, ge 78	verblühen, sein, ge . . 4	verschenken, ge 4
übersteigen, ge 24	verbluten, sein, ge . 4, 11	verschlafen, ge 68
übertragen, ge 82	verbrauchen, (sichA ~),	verschlechtern, (sichA ~),
übertreiben, ge 24	ge 4	ge 4, 15
überwachen, ge 4	verbrechen, ge 25	verschleißen, haben,
überweisen, ge 62	verbrennen, ge 47	ge 112
überwinden, (sichA ~),	verbringen, ge 26	verschlimmern, (sichA ~),
ge 34	verdächtigen, ge . . . 4	ge 4, 15
überzeugen, ge 4	verdanken, ge 4	verschlucken, (sichA ~),
umarmen, (sichA ~), ge . 4	verderben, ge 80	ge 4
um•bringen 26	verdienen, ge 4	verschreiben, ge . . . 24
um•drehen, (sichA ~) . . 4	verdrießen, ge 35	verschweigen, ge . . . 24
um•fallen, sein 32	verehren, ge 4	verschwinden, sein, ge . 34
umfassen, ge 4, 14	vereinbaren, ge 4	verschwören, sichA ~,
umgehen, ge 37	vereinfachen, ge . . . 4	ge 71
um•graben 4	verfallen, sein, ge . . . 32	versichern, (sichA ~),
um•kehren, haben +	verfilmen, ge 4	ge 4, 15
sein → 📖 4	verfluchen, ge 4	versöhnen, (sichA ~),
um•kommen, sein . . . 48	verfolgen, ge 4	ge 4
um•rühren 4	verführen, ge 4	verspäten, sichA ~,
um•schalten **4**, 11	vergessen, ge 58	ge 4, 11
um•steigen, sein 24	vergleichen, ge 39	versprechen, (sichA ~),
um•stoßen 81	vergrößern, (sichA ~),	ge 25
um•tauschen 4	ge 4, 15	verstärken, (sichA ~),
um•ziehen, (sichA ~),	verhaften, ge 4, 11	ge 4
haben + sein → 📖 . . 91	verhalten, sichA ~, ge . 42	verstecken, (sichA ~),
unterbrechen, ge . . . 25	verhandeln, ge . . . 4, 15	ge 4
unterdrücken, ge . . . 4	verhindern, ge 4, 15	verstehen, (sichA ~), ge . 78
unter•gehen, sein . . . 37	verhören, (sichA ~), ge . 4	versuchen, ge 4
unterhalten, (sichA ~),	verhungern, sein, ge . 4, 15	verteidigen, (sichA ~), ge . 4
ge 42	verirren, sichA ~, ge . . 4	verteilen, ge 4
unternehmen, ge . . . 61	verkaufen, ge 4	vertragen, (sichA ~), ge . 82
unterrichten, ge . . . 4, 11	verkleiden, (sichA ~),	vertrauen, ge 4
untersagen, ge 4	ge 4, 11	vertreten, ge 84
unterschätzen, ge . . 4, 14	verkürzen, (sichA ~),	verursachen, ge 4
unterscheiden,	ge 4, 14	verurteilen, ge 4
(sichA ~), ge . . . 11, 24	verlangen, ge 4	verwandeln, (sichA ~),
unterschlagen, ge . . . 82	verlängern, ge 4, 15	ge 4, 15
unterschreiben, ge . . . 24	verleihen, ge 54	verwechseln, ge . . . 4, 15
unterstreichen, ge . . . 39	verletzen, (sichA ~),	verweisen, ge 62
unterstützen, ge . . . 4, 14	ge 4, 14	verwenden, ge . . . 4/73
untersuchen, ge 4	verleugnen, ge . . . 4, 13	verwirklichen, (sichA ~),
unter•tauchen, sein . . 4	verlieben, sichA ~, ge . 4	ge 4
urteilen 4	verlieren, (sichA ~), ge . 86	verwirren, ge 4
	verloben, sichA ~, ge . 4	verwöhnen, ge 4
V	verloren gehen, sein . 37	verzaubern, ge . . . 4, 15
verabreden, sichA ~,	verlorengehen*, sein . 37	verzeihen, (sichA ~), ge . 54
ge 4, 11	verlöschen, sein, ge . 96	verzichten, ge 4, 11
verabscheuen, ge . . . 4	vermehren, (sichA ~), ge . 4	verzögern, (sichA ~),
	vermieten, ge 4, 11	ge 4, 15

verzweifeln, sein, *ge* . 4, 15
vollenden, *ge* 4, 11
voraus•sagen 4
vor•bereiten, (sich^A ~),
  ge 4, 11
vor•beugen, (sich^A ~),
  ge 4
vor•finden 34
vor•gehen, sein . . . 37
vor•haben 1
vor•kommen, sein . . 48
vor•nehmen 61
vor•schlagen 82
vor•stellen, (sich^A ~), *ge* 4
vor•tragen 82
vor•ziehen 91

W

wachen 4
wachsen 13, 14, 87
wagen 4
wählen **4**
wahr•nehmen 61
wandern, sein . . . **4**, 15
wärmen 4
warnen 4
warten **4**, 11
waschen, (sich^A ~) . . 87
weben 119
wechseln **4**, 15
wecken 4
weg•fahren, haben +
  sein → 📖 82
weg•laufen, sein . . . 52
weg•werfen 80
wehren, (sich^A ~) . . . 4
weh•tun 85
weichen, sein 39
weigern, sich^A ~ . . **4**, 15
weinen 4
weisen 62
weiter•gehen, sein . . . 37

welken, sein 4
wenden, (sich^A ~),
  → 📖 4/73
werben 80
werden, sein 3
werfen **80**
wetten **4**, 11
wickeln **4**, 15
widerlegen, *ge* 4
widersetzen, sich^A ~,
  ge 4, 14
widersprechen, (sich^A ~),
  ge 25
wiederholen, (sich^A ~),
  ge 4
wieder•sehen*,
  (sich^A ~) 72
wiegen **88**
winden, (sich^A ~) . . . 34
winken 4
wirken 4
wischen 4
wissen **89**
wohnen 4
wollen **90**
wringen 77
wuchern, haben +
  sein → 📖 **4**, 15
wundern, sich^A ~ . . **4**, 15
wünschen 4

Z

zahlen 4
zählen 4
zanken, (sich^A ~) . . . 4
zaubern **4**, 15
zeichnen **4**, 13
zeigen, (sich^A ~) . . . 4
zerbrechen, *ge* 25
zerfallen, sein, *ge* . . 32
zerkleinern, *ge* . . 4, 15

zerreißen, (sich^A ~), *ge* . 20
zerren 4
zerstören, *ge* 4
zeugen 4
ziehen 91
zielen 4
zittern **4**, 15
zögern **4**, 15
zu•bereiten, *ge* . . **4**, 11
züchten **4**, 11
zu•fügen 4
zu•geben 36
zu•hören 4
zu•lassen 51
zu•machen 4
zu•muten **4**, 11
zünden **4**, 11
zu•nehmen 61
zurecht•kommen, sein . 48
zurück•fahren, sein . . 82
zurück•geben 36
zurück•laufen, sein . . 52
zurück•legen 4
zurück•verlangen 4
zurück•ziehen, (sich^A ~) 91
zu•sagen 4
zusammen•arbeiten . **4**, 11
zusammen•fassen . **4**, 14
zusammen•gehören, *ge* . 4
zusammen•kommen,
  sein 48
zusammen•legen 4
zusammen•setzen . **4**, 14
zusammen•stoßen,
  sein 81
zu•schauen 4
zu•sichern **4**, 15
zu•stimmen 4
zu•trauen 4
zu•treffen 83
zuwider•handeln . **4**, 15
zweifeln **4**, 15
zwingen 77